Discurso sobre as ciências e as artes

O livro é a porta que se abre para a realização do homem.

JAIR LOT VIEIRA

JEAN-JACQUES ROUSSEAU

Discurso sobre as ciências e as artes

Tradução, introdução e notas
LAURENT DE SAES
Graduado em Direito pela USP
Mestre e doutor em História Social pela USP

Copyright desta edição © 2018 by Edipro Edições Profissionais Ltda.

Título original: *Discours sur les sciences et les arts*. Publicado originalmente na França em 1751. Traduzido a partir da 1ª edição.

Todos os direitos reservados. Nenhuma parte deste livro poderá ser reproduzida ou transmitida de qualquer forma ou por quaisquer meios, eletrônicos ou mecânicos, incluindo fotocópia, gravação ou qualquer sistema de armazenamento e recuperação de informações, sem permissão por escrito do editor.

Grafia conforme o novo Acordo Ortográfico da Língua Portuguesa.

1ª edição, 2018.

Editores: Jair Lot Vieira e Maíra Lot Vieira Micales
Edição de texto: Marta Almeida de Sá
Produção editorial: Carla Bitelli
Assistente editorial: Thiago Santos
Capa: Karine Moreto de Almeida
Preparação: Daniel Rodrigues Aurélio
Revisão: Danielle Mendes Sales
Editoração eletrônica: Estúdio Design do Livro
Imagem da capa: iStockphoto

Dados Internacionais de Catalogação na Publicação (CIP)
(Câmara Brasileira do Livro, SP, Brasil)

Rousseau, Jean-Jacques, 1712-1778.

Discurso sobre as ciências e as artes / Jean-Jacques Rousseau; tradução, introdução e notas Laurent de Saes – São Paulo: Edipro, 2018.

Título original: *Discours sur les sciences et les arts*.

ISBN 978-85-521-0029-4

1. Filosofia francesa 2. Rousseau, Jean-Jacques, 1712-1778 I. Saes, Laurent de. II. Título.

18-14589   CDD-194

Índices para catálogo sistemático:
1. Filosofia francesa 194
2. França : Filosofia 194

São Paulo: (11) 3107-4788 • Bauru: (14) 3234-4121
www.edipro.com.br • edipro@edipro.com.br
@editoraedipro   @editoraedipro

SUMÁRIO

Introdução 7

Advertência *31*

Prefácio *33*

Discurso *35*

Primeira parte *37*

Segunda parte *53*

Cronologia *71*

INTRODUÇÃO

Em 1749, Jean-Jacques Rousseau, um pouco conhecido homem de letras genebrino radicado em Paris, se dirige a Vincennes para visitar seu amigo, o escritor e filósofo Denis Diderot, encarcerado em razão da publicação de sua controversa *Carta sobre os cegos*. Sem condições de alugar um fiacre,[1] Rousseau prefere se deslocar a pé. Sob o calor escaldante do verão francês, vê-se obrigado a moderar os passos e, nesse intuito, traz consigo alguma leitura que o ocupe durante a caminhada. Neste dia, traz em seu bolso o novo número do jornal *Mercure de France*. Ao percorrê-lo com os olhos, uma notícia em particular chama sua atenção: ela diz respeito ao novo prêmio literário lançado pela Academia de Dijon.[2] Se acreditarmos na carta que escreveria ao estadista Malesherbes, anos depois, em 12 de janeiro de 1762, sua reação à notícia foi catártica; mais do que isso, uma experiência de contornos místicos:

> Se algo por ventura já se assemelhou a uma inspiração súbita, foi o movimento que se produziu em mim após essa leitura; de repente, sinto meu espírito encandeado por mil luzes; amontoados de ideias vivas nele se apresentam, ao mesmo tempo com uma força

---

1. Antiga carruagem de aluguel, geralmente puxada por um só cavalo. (N. E.)
2. ROUSSEAU, Jean-Jacques. *Confissões*. Tradução de Rachel de Queiroz e José Benedicto Pinto. Bauru: Edipro, 2008, livro VIII, p. 322.

e uma conclusão que me lançou numa inexprimível perturbação; sinto minha cabeça tomada por um atordoamento semelhante à embriaguez. Uma violenta palpitação me oprime, exalta meu peito; não podendo mais respirar caminhando, deixo-me cair sob uma das árvores da avenida e passo lá meia hora em tamanha agitação que, ao erguer-me, percebi toda a frente de meu casaco molhada por minhas lágrimas, sem ter sentido que as espalhava. [...] É assim que, quando menos pensava nisso, tornei-me autor quase contra a minha vontade.[3]

Ao chegar a Vincennes, Rousseau, em "agitação que chegava ao delírio", explica a razão de seu estado ao amigo Diderot, que o exorta a concorrer ao prêmio.[4] O *Discurso sobre as ciências e as artes*, expressão das ideias mais íntimas de seu autor, não nasceu, portanto, como produto de um ato espontâneo, mas como resposta a um estímulo externo.

No mesmo ano, a Academia de Dijon fora objeto de um artigo um tanto humilhante inserido no suplemento à última edição (de 1732) do *Grand dictionnaire historique* de Louis Moréri. O texto, que trazia uma série de informações técnicas a respeito do regulamento da Academia e de sua composição, afirmava que talvez um dia ela se tornasse mais "florescente" e que o objetivo de estabelecimentos desse gênero deveria consistir em "serem vantajosos

---

3. Carta ao Senhor de Malesherbes, 12 de janeiro de 1762. In: DUFOUR, Théophile (org.). *Correspondance générale de J.-J. Rousseau*. Paris: Librairie Armand Colin, 1927, v. 7, n. 1249, p. 50-51.

4. Cf. *Confissões*, livro VIII, p. 323.

aos progressos das ciências".[5] Questionava-se, assim, sutilmente, o valor da entidade como sociedade erudita, provocação que produziria um efeito imprevisto, incitando a Academia de Dijon a reafirmar, com maior veemência, sua independência no quadro das academias eruditas que abundavam na França do século XVIII.

No mesmo ano, a Academia lançou uma nova questão para o prêmio literário a ser entregue no ano seguinte. O enunciado destoava, em larga medida, da linha geral que orientava os concursos acadêmicos do período, não pelo assunto proposto, mas por sua formulação relativamente aberta: "Se o restabelecimento das ciências e das artes contribuiu para depurar os costumes". Era, em princípio, inconcebível, para a sociedade letrada francesa, que, após os séculos de trevas da Idade Média, um retrato negativo fosse oferecido para o desenvolvimento, a partir do Renascimento, das artes e das ciências. Caíra, afinal, diante dos progressos decisivos decorrentes das invenções tecnológicas, das descobertas da medicina e dos avanços das artes aplicadas, a desconfiança dos moralistas renascentistas. A tendência geral, ilustrada pelo projeto da *Enciclopédia* (do qual Rousseau participava) e pela própria proliferação das academias, era o elogio do progresso. Nesse sentido, os concursos lançados pelas academias francesas tendiam a louvar diretamente os avanços operados sob a monarquia absoluta.[6] Não

---

5. Cf. *Nouveau supplément au Grand dictionnaire historique, généalogique, géographique, de Louis Moréri, pour servir à la dernière édition de 1732 et aux précédentes*. Paris: Jacques Vincent, 1749, v. 1, p. 473.

6. A Academia Francesa, por exemplo, escolhera, a partir de 1727 e de maneira quase sucessiva, temas de concurso destinados a ressaltar os progressos da ciência e das artes na França de Luís, o Grande: os progressos da pintura sob o reinado de Luís, o Grande (1727); os progressos da navegação sob o reinado de Luís, o Grande (1729); os progressos da tragédia sob o reinado de Luís, o Grande (1730); os progressos da língua francesa sob o reinado de Luís, o Grande (1732); os progressos

obstante, em um século a tal ponto impregnado pela reflexão dos fundamentos e das consequências da ciência para a humanidade, era também inevitável que vozes discordantes se elevassem contra a corrente dominante. Nesse contexto, o júri de Dijon reafirmaria sua autonomia, atribuindo o prêmio a uma resposta negativa.

O texto que Rousseau submete à apreciação dos jurados está longe de ser o seu primeiro, mas o próprio genebrino irá se referir posteriormente a ele como sua "primeira obra". Não são poucos os que o encaram como uma etapa inicial na trajetória intelectual de Rousseau, uma primeira fase já superada com o segundo *Discurso* (*sobre a origem e os fundamentos da desigualdade entre os homens*). O filósofo, ao contrário, o verá como um verdadeiro ponto de partida, peça fundamental de um todo que é a expressão de um único e mesmo pensamento. Em sua segunda carta a Malesherbes, Rousseau afirmará que a Inspiração de Vincennes alimentara não apenas o texto para a Academia de Dijon, mas também o segundo *Discurso* e o *Emílio*:

> Ó, Senhor, se por ventura eu pudesse ter escrito um quarto do que vi e senti sob aquela árvore, com que clareza teria mostrado todas as contradições do sistema social; com que força teria exposto todos os abusos de nossas instituições; com que simplicidade teria demons-

---

da escultura sob o reinado de Luís, o Grande (1733); os progressos da música sob o reinado de Luís, o Grande (1734); os progressos da arte do gênio sob o reinado de Luís, o Grande (1735); os progressos da eloquência sob o reinado de Luís, o Grande (1738); as ampliações da biblioteca do rei sob o reinado de Luís, o Grande (1739); os progressos da comédia sob o reinado de Luís, o Grande (1743). Outras academias, como as de Soissons e Angers, seguiam a mesma linha.

trado que o homem é bom naturalmente, e que é somente por essas instituições que os homens se tornam maus. Tudo o que pude reter desses amontoados de grandes verdades, que por meia-hora me iluminaram sob aquela árvore, foi muito fragilmente espalhado em meus três principais escritos, quais sejam este primeiro discurso, aquele sobre a desigualdade e o tratado de educação, três obras que são inseparáveis e formam, juntas, um mesmo todo.[7]

Mais do que apenas o início de sua obra, Rousseau verá no primeiro *Discurso* o "corolário" de um verdadeiro sistema desenvolvido no conjunto de seus textos. Reconhecerá, portanto, nesse mesmo opúsculo, a primeira expressão desse sistema e, ao mesmo tempo, a consequência necessária de verdades já demonstradas; ou seja, o ponto final, numa perspectiva lógica e não cronológica, de uma evolução intelectual.[8] Aceitar essa avaliação não significa negligenciar as evidentes evoluções existentes entre o primeiro grande escrito filosófico de Rousseau e seus trabalhos subsequentes, mas simplesmente reconhecer a relação de complementaridade que tais textos possuem entre si e a importância de cada um para a compreensão do pensamento rousseauniano.

O *Discurso sobre as ciências e as artes* foi concebido por Rousseau como um texto a ser lido por um corpo de jurados, um "tribunal", como ele mesmo diz. Assim, para além do conteúdo explosivo do texto, verifica-se, no que diz respeito à forma, certo esforço do autor em manter-se dentro dos limites da tradição

---

7. Carta ao Senhor de Malesherbes, 12 de janeiro de 1762, p. 51.

8. BORGES JÚNIOR, Ciro Lourenço. *Verdade e virtude:* os fundamentos da moral no *Discurso sobre as ciências e as artes*, de J.-J. Rousseau. 2015. Dissertação (Mestrado) – Faculdade de Filosofia, Letras e Ciências Humanas. Departamento de Filosofia, Universidade de São Paulo, 2015, p. 22-23.

retórica da dissertação, a qual recomendava, por exemplo, a divisão da exposição em duas partes bem definidas. A circunstância que motivou a redação do *Discurso* exigia, portanto, um trabalho de adaptação do conteúdo a um formato específico, com todas as limitações que isso implicava. Como escreve Rousseau, nos primeiros parágrafos do texto: "Será difícil, eu o sinto, adequar o que tenho a dizer ao tribunal a que compareço" (página 35).[9]

Diante da questão fundamental formulada pela Academia de Dijon, que partido toma Rousseau? Ao retomar o enunciado, modifica-o não apenas sutilmente, mas também de forma substancial: "Teria o restabelecimento das ciências e das artes contribuído para depurar *ou para corromper* os costumes?" (grifo nosso). O acréscimo de uma alternativa lhe permite incorporar à questão sua própria resposta. Pois é como denunciador de um gênero humano desnaturado que Rousseau se apresenta aqui. Provocante, o filósofo procura desvendar uma verdade dissimulada sob o fulguroso véu do progresso. Não busca necessariamente afirmar sua originalidade: os *Ensaios* de Montaigne constituem inegavelmente a bússola que orienta a reflexão do genebrino. Este último pouco se preocupa em dissimular tal inspiração, recorrendo a empréstimos textuais assaz explícitos. Não obstante, a novidade de seu texto não reside, aos seus olhos, no fato de denunciar um mal já assinalado por outros, mas em apontar-lhe as razões.

---

9. Mais tarde, Rousseau iria se mostrar muito crítico ao *Discurso*, não tanto quanto ao seu conteúdo, coerente com seu sistema de ideias, mas quanto à forma: "E essa obra, cheia de calor e de força, carece absolutamente de lógica e de ordem; de tudo que me saiu da pena, é o mais fraco de raciocínio e o mais pobre de número e harmonia; mas, qualquer que seja o talento com que se nasça, a arte de escrever não se aprende de uma vez" (cf. *Confissões*, livro VIII, p. 323-324).

Parte-se, assim, de uma constatação: a corrupção inequívoca dos costumes na sociedade a que o *Discurso* se dirige. A partir daí, evolui-se para uma reflexão sobre a necessária influência das ciências e das artes sobre os costumes dos povos, e é na história que se procuram os testemunhos capazes de confirmar a proposição inicial: isto é, a de que os costumes degeneram em todos os povos à medida que o gosto para o estudo e para as letras se difunde entre eles. Tinha-se, assim, em primeiro lugar, uma investigação histórica – já sugerida na própria questão da Academia de Dijon –, fundada em exemplos esclarecedores do passado (Roma, Atenas, Esparta), e que permite, em um segundo momento, analisar, a partir de hipóteses formuladas, a relação entre as ciências, as artes e a moral.

O recurso aos fatos históricos autoriza Rousseau a assinalar a relação íntima do progresso das ciências e das artes com a corrupção dos costumes: para ele, ambas as coisas caminham juntas. Para demonstrar essa constatação, opera por contraposições, oferecendo, por um lado, exemplos de povos que cultivaram as ciências e as artes (os egípcios, os atenienses, os romanos do período imperial) e, por outro, exemplos de povos que se dedicaram a outros exercícios que não os do espírito (os persas, os citas, os espartanos, mas também os genebrinos de sua época). Em outras palavras: por um lado, povos em que a corrupção, simbolizada pela escravidão política, acompanhara as ciências e as artes e, por outro, povos em que a ignorância acompanhara a virtude e a liberdade política. Tais amostras não possuem caráter meramente ilustrativo; têm, ao contrário, função demonstrativa e permitem que, por indução, se passe do particular ao geral.[10] O problema

---

10. BORGES JÚNIOR, Ciro Lourenço, op. cit., p. 83.

histórico explorado no primeiro segmento do *Discurso* se vincula a um problema de filosofia moral. Há, afirma Rousseau, uma relação necessária entre o desenvolvimento das ciências e das artes de um lado, e a corrupção moral de outro. Após a prova histórica, Rousseau recorre ao testemunho dos antigos sábios: nesse sentido, a apologia de Sócrates – "o mais sábio dos homens", por reconhecer a ignorância do que não sabe – é retomada e transformada em função dos objetivos do texto.[11]

Para o Rousseau do primeiro *Discurso*, é evidente que "os homens são perversos",[12] e o que aumenta seu infortúnio é o fato de afastarem-se da simplicidade de suas primeiras instituições, desviando-se da virtude. Se a natureza impôs ao homem tantos trabalhos necessários à sua sobrevivência (tais como o cultivo da terra), é precisamente para desviá-lo de ocupações ociosas. Isso não significa que, individualmente, alguns espíritos excepcionais não possam extrair destas algum benefício, mas, para alguns poucos homens que elas esclarecem, as letras corrompem irremediavelmente toda uma nação. A ciência pode convir a alguns gênios, mas, de modo geral, é sempre nociva aos povos que a cultivam.[13] O restabelecimento das ciências e das artes causa e aumenta

---

11. ALLARD, Gérald. La pensée de Jean-Jacques Rousseau dans les Discours, *Laval théologique et philosophie*, v. 40, n. 2, junho de 1984. Disponível em: https://www.erudit.org/fr/revues/ltp/1984-v40-n2-ltp2119/400092ar.pdf. Acesso em: 9 de janeiro de 2018, p. 189-190.

12. O tema da bondade primitiva do homem, central no *Discurso sobre a origem e os fundamentos da desigualdade entre os homens*, ainda não está presente aqui. Quando muito, ele aparece de forma embrionária, sugerido em algumas passagens sobre os povos primitivos. Em uma de suas respostas a Bordes, porém, Rousseau já abordaria mais abertamente o tema.

13. Lettre de J.-J. Rousseau a M. Grimm, sur la réfutation de son discour par M. Gautier.

a degenerescência do homem,[14] encaminhando-o para o vício e para a escravidão.

Rousseau afirma: "nossas almas se corromperam à medida que nossas ciências e nossas artes avançaram rumo à perfeição" (página 42). Há, pelo menos na superfície, uma linearidade notável na concepção de história presente no *Discurso*. Os diagnósticos do autor apontam para a irreversibilidade, não havendo redenção possível para um povo já corrompido. Sendo inviável o retorno à virtude, pode-se apenas impedir os homens de cometerem o mal. Não obstante, não há universalismo em tais observações: o processo de corrupção dos costumes não se verifica de maneira uniforme em todos os povos. Os diferentes povos não se equivalem todos: os corrompidos coexistem com os ainda virtuosos. Mais do que linear, a história em Rousseau é exemplar, portadora de ensinamentos, e, nesse sentido, o passado é passível de se reproduzir no porvir.[15]

O último parágrafo da primeira parte já anuncia o duplo objetivo do segmento final do texto: "examinar de perto a vaidade e a nulidade desses títulos orgulhosos que nos ofuscam, e que tão gratuitamente atribuímos aos conhecimentos humanos" e ver "o que deve resultar do progresso [das ciências e das artes]". Na segunda parte do *Discurso*, portanto, Rousseau

---

14. Em contestação ao *Discurso sobre as ciências e as artes*, Gautier, da Academia Real de Belas Letras de Nancy, observou existirem povos viciosos que não são eruditos. Em sua resposta, Rousseau afirmou que, caso lhe tivessem apontado povos eruditos que não fossem viciosos, teria ficado mais surpreso. Em outras palavras, as ciências e as artes não são as únicas causas do vício, mas são causas necessárias de corrupção entre os povos que as cultivam (cf. *Lettre* de J.-J. Rousseau a M. Grimm, sur la réfutation de son discours par M. Gautier. In: *Oeuvres complètes*. Paris: Poinçot, 1791, v. 15, p. 91).

15. BORGES JÚNIOR, Ciro Lourenço, op. cit., p. 81-84.

se dedica a mostrar que, por sua origem (o orgulho humano), por seus objetos e por sua futilidade, as letras são funestas à humanidade. Acima de tudo, elas o são por seus efeitos. Animadas pelo "furor de sobressair", as ciências e as artes estão intimamente vinculadas ao vício: eruditos e artistas buscam mais o aplauso do que o verdadeiro e o belo. Paradoxalmente, as ciências e as artes destroem o gosto. Rousseau lança então uma ponte entre o assunto central de seu *Discurso* e a questão do luxo. Este último, afirma, acompanha necessariamente as ciências e as artes, tendo em vista sua origem comum, a fonte primeira do mal, que é a desigualdade. O luxo exerce um efeito corruptor sobre os homens, tanto os que dele usufruem quanto os miseráveis que o cobiçam; o luxo se enraíza na sociedade quando os cidadãos se entregam a seus desejos individuais de riqueza e conforto, enfraquecendo sua devoção ao bem comum: o desenvolvimento das comodidades da vida conduz necessariamente ao enfraquecimento da virtude. E o luxo traz sempre como incontornável contrapartida a desigualdade extrema: longe de constituir um mecanismo essencial para o funcionamento da sociedade, como alguns sustentavam à época,[16] o luxo faz com que uns abundem em superfluidades enquanto outros perecem na miséria.[17] É a desigualdade, causa de todos os abusos, o principal e mais nefasto traço das sociedades cultivadoras das artes e das ciências: essa "desigualdade funesta introduzida entre os homens pela distinção dos talentos e pelo aviltamento das virtudes" (página 64). A satisfação das necessi-

---

16. O autor se contrapunha, nesse ponto, assim como em muitos outros, a Voltaire, que sustentava que a felicidade de uma nação requeria uma vida material abastada, sendo o luxo e o comércio garantidores das liberdades e das relações civilizadas e pacíficas entre os homens (cf. *Cartas filosóficas*, 1734).

17. ALLARD, Gérald, op. cit., p. 190-191.

dades físicas marca o limite além do qual o homem se corrompe. Dito isso, ao contrário do que alguns concluiriam de seu texto, Rousseau não prega o restabelecimento das leis suntuárias, inúteis diante de um mal já consumado. Como ele mesmo dirá em carta ao abade Raynal, "quando um homem está morto, não há que se chamar o médico".[18]

Os talentos se apoderaram das honras antes devidas à virtude, e logo os benefícios das luzes se viram anulados pelos vícios resultantes da mentira da aparência.[19] O homem quer ser admirado, em vez de tornar-se útil; buscando sempre a aprovação, torna-se escravo do olhar alheio e passa a amar sua escravidão. Quanto mais o interior se corrompe, mais o exterior se esmera: imperceptivelmente, o cultivo das letras acarreta a polidez. Os homens procuram agradar-se uns aos outros, e com isso deixam de se conhecer. É esse o efeito mais perverso da polidez, a arte de agradar, a qual não se distingue verdadeiramente da hipocrisia: todos dissimulam seus vícios, e ninguém mais sabe com quem está lidando, pois as pessoas temem parecer o que são. O tema do amor próprio, central no segundo *Discurso*, começa a se delinear aqui.

É a virtude, cujo sentido permanece difuso ao longo do texto, o valor central defendido por Rousseau. Louva-lhe as diferentes manifestações, incluindo-se as virtudes militares, cujo desaparecimento constitui sinal inequívoco da decadência moral. Militarismo por parte de Rousseau? O próprio autor procura precisar o sentido de seu comentário, em resposta a Bordes:

---

18. Lettre à M. l'Abbé Raynal, auteur du Mercure de France, *OC*, v. 15, p. 81.
19. STAROBINSKI, Jean. *Jean-Jacques Rousseau:* la transparence et l'obstacle. Paris: Gallimard, 1971, p. 13.

A guerra é, por vezes, um dever, e não é, de modo algum, feita para ser um ofício. Todo homem deve ser soldado para a defesa de sua liberdade, nenhum deve sê-lo para invadir a liberdade de outrem; e morrer servindo à pátria é um emprego belo demais para ser confiado a mercenários.[20]

As virtudes guerreiras não devem, pois, ser encaradas à luz da bravura, da intrepidez, da valentia; o que há de virtuoso na guerra é a obediência do soldado a seu dever de cidadão, que é o de defender a liberdade dos seus concidadãos e o bem público.[21] Ser virtuoso é sacrificar seu interesse particular em proveito do interesse geral, devotando-se à pátria, aos desafortunados e aos amigos; somente pela virtude, fundamento da igualdade entre os homens, se pode alcançar a felicidade geral.

A natureza quisera proteger o homem da ciência, "assim como uma mãe arranca uma arma perigosa das mãos de seu filho". Privando o homem da capacidade de conhecê-la em sua inteireza, a natureza se dissimula sob um véu. Por meio da ciência, o homem procura elevar-se acima de si mesmo, procurando "percorrer, a passos de gigante, tanto quanto o sol, a vasta extensão do universo", de sorte a "dissipar, pelas luzes de sua razão, as trevas em que a natureza o envolvera" (página 37). E, nessa postura, expõe-se a todos os perigos; pois as faculdades humanas não são, de modo geral, capazes de discernir as causas dos fenômenos. Tal percepção por parte de Rousseau permite expli-

---

20. Dernière réponse de J. J. Rousseau de Genève, *OC*, v. 15, p. 303.
21. BORGES JÚNIOR, Ciro Lourenço, op. cit., p. 100-101.

car o recurso à alegoria de Prometeu, presente no frontispício do *Discurso* (uma gravura de Jean-Baptiste Pierre) e numa nota no início da segunda parte. Em carta a Lecat, um acadêmico de Dijon, Rousseau explica mais detalhadamente o emprego da alegoria, afirmando "que a tocha de Prometeu é a das ciências, feita para animar os *grandes gênios*; que o sátiro, que, vendo o fogo pela primeira vez, corre em sua direção e deseja abraçá-lo, representa os *homens vulgares*, que, seduzidos pelo esplendor das letras, se entregam indiscretamente ao estudo; que o Prometeu que grita e os alerta do perigo é o *cidadão de Genebra* [isto é, o próprio Rousseau]" (grifos nossos).[22] Nessa alegoria, todo o sentido do *Discurso* está contido. Reconhecer tais verdades é o que permitiria ao homem voltar-se para aquilo que faz a felicidade do gênero humano: o estudo de seus deveres, tudo aquilo que pode fazer do homem um ser virtuoso.

Haveria, dessa maneira, um elogio da ignorância no primeiro *Discurso*? Sim e não. De certa forma, a ignorância pode ser louvada na medida em que é o estado natural do homem; é compatível com a virtude, ainda que esta não a acompanhe sempre, tendo em vista existirem povos ignorantes e viciosos. Como explica V. Goldschmidt, o estado de ignorância, neutro em relação ao bem e ao mal, se alia mais facilmente à virtude, na medida em que exclui as fontes da corrupção.[23] Não se deve, porém, confundir a ignorância "feroz e brutal" que nasce da maldade e da falsidade e multiplica os vícios, e a ignorância "razoável" que contém a curiosidade dentro dos limites ditados

---

22. Lettre de J.-J. Rousseau sur une nouvelle réfutation de son discours par un académicien de Dijon, *OC*, v. 15, p. 475.

23. GOLDSCHMIDT, Victor. *Anthropologie et politique:* les principes du système de Rousseau. Paris: Librairie Philosophique J. Vrin, 1974, p. 60.

pelas faculdades humanas.[24] É na fraqueza destas últimas que reside o vício original das ciências, visto que o homem ambiciona um conhecimento que não lhe é acessível – o adjetivo "vãs" é, ao longo do texto, comumente associado às ciências. Os povos eruditos foram todos corrompidos, o tempo de sua virtude foi o de sua ignorância.

Não obstante, há que se distinguir a ciência em si, que deve sua origem ao "autor de todas as coisas", e as ciências praticadas pelo homem, oriundas de seus vícios.[25] Tal distinção, absolutamente fundamental, é claramente explicada pelo filósofo em sua resposta às críticas formuladas por Estanislau, antigo rei da Polônia e então duque da Lorena:

> A ciência é muito boa em si, isso é evidente; e seria preciso ter renunciado ao bom senso para dizer o contrário. O autor de todas as coisas é a fonte da verdade; conhecer tudo é um de seus atributos. Adquirir, portanto, conhecimento e estender as próprias luzes é, de alguma maneira, participar da suprema inteligência. Nesse sentido, louvei o saber [...].

Se a ciência, "cuja fonte é tão pura e tão louvável", acarreta tantos vícios, é porque ela, "por mais bela e sublime que seja, não é feita para o homem; pois ele tem o espírito tacanho demais para empreender grandes progressos, e paixões demais em seu coração para não fazer dela um mau uso".[26] A ciência é, portanto,

---

24. Observations de J. J. Rousseau de Genève sur la réponse qui a été faite à son discours, *OC*, v. 15, p. 177-179.
25. BORGES JÚNIOR, Ciro Lourenço, op. cit., p. 66-67.
26. Observations de J. J. Rousseau de Genève sur la réponse qui a été faite à son discours, p. 137-139.

nociva quando é objeto de abuso, e esse é sempre o caso nas sociedades humanas.

Seria então Rousseau "o inimigo das ciências e das artes"?[27] Tal acusação não resiste ao exame atento do *Discurso* e das diferentes respostas que o autor ofereceu às críticas de seus "adversários". Em momento algum o autor propõe a abolição da ciência e das belas-letras, perfeitamente ciente de que um retorno ao estado de ignorância é impossível: sua convicção é a de que, uma vez corrompido, não podia um povo tornar a ser virtuoso. O que fazer então? Certamente não queimar bibliotecas e destruir universidades; tampouco é proposto que os homens retornem à sua condição elementar, contentando-se apenas com o necessário à sua subsistência. Sem apontar claramente um remédio, pois não é esse o objetivo do *Discurso*, o filósofo apenas sugere, em sua resposta ao Estanislau: "Deixemos, portanto, as ciências e as artes suavizar, de alguma maneira, a ferocidade dos homens que elas corromperam". Isso porque, para um povo degenerado, as luzes são menos temíveis que sua "brutal estupidez": esclarecendo-o sobre as consequências do vício, elas podem, ao menos, torná-lo mais circunspecto em relação ao mal que ele pode cometer.[28] Longe, portanto, de querer suprimir as ciências e as artes, Rousseau manifesta a necessidade de estimulá-las e, ao mesmo tempo, protegê-las, dada a necessidade de controlar seu desenvolvimento.

Sugere-se, assim, que os grandes sábios, não insensíveis à glória, sejam incentivados. Entende-se que alguma "emulação"

---

27. É assim que Gautier o qualifica em *Réfutation des Observations faites para J. J. Rousseau sur la réponse du roi de Pologne* (*OC*, v. 15, p. 187).

28. Observations de J.-J. Rousseau de Genève sur la réponse qui a été faite à son discours, p. 182-183.

seria capaz de animar sua virtude e que honrá-los publicamente poderia, portanto, trazer alguma utilidade para o bem comum. Afinal, em cada homem individualmente considerado, a virtude e a ciência não são incompatíveis; reunidas, podem trazer estimáveis benefícios ao gênero humano. Nesse sentido, Rousseau exorta os príncipes a se cercarem dos verdadeiros sábios, a ouvi--los, a dar-lhes seu voto de confiança. Da mesma forma, o filósofo elogia as academias eruditas e seus fundadores, mesmo reconhecendo em sua existência a evidência concreta do mal por ele denunciado; afinal, "não se procuram remédios para males que não existem" (página 66). As academias não podem curar um mal incurável, mas podem trazer paliativos que atenuem as consequências do vício. Detentoras do perigoso depósito do conhecimento e do sublime depósito dos costumes, elas podem mitigar os danos decorrentes de um desenvolvimento desenfreado da erudição – ainda que, na prática, também tendam a encorajá-lo. Não há propriamente otimismo na exposição de Rousseau, apenas o reconhecimento da existência de homens excepcionais para quem a ciência é um bem. Devidamente encorajados, tais homens, aliando luzes e virtude, podem servir à humanidade. No movimento geral da história humana, marcada pela corrupção moral, algo de uma inocência primordial poderia subsistir.[29]

O problema político central enfrentado por Rousseau no primeiro *Discurso* é o da vulgarização do conhecimento. Diante da impossibilidade de retornar à pureza das instituições primitivas, a única solução é conter o cultivo das ciências em estreitos limites, reservando-as aos homens superiores, os "sábios", únicos ca-

---

29. STAROBINSKI, Jean, op. cit., p. 34.

pazes de bem utilizá-las. Infelizmente, esses verdadeiros eruditos, explica Rousseau em sua resposta ao rei da Polônia, são pouco numerosos: "pois, para empregar bem a ciência, é preciso reunir grandes talentos e grandes virtudes; ora, isso é o que somente se pode esperar de algumas almas privilegiadas, mas o que não se deve esperar de todo um povo".[30] Em outro texto de defesa de seu *Discurso*, acrescenta:

> Se inteligências celestes cultivassem as ciências, resultaria disso apenas o bem; digo o mesmo em relação aos *grandes homens, que são feitos para guiar os outros*. Sócrates, erudito e virtuoso, foi a honra da humanidade; mas os vícios dos *homens vulgares* envenenam os mais sublimes conhecimentos e os tornam perniciosos às nações[31] (grifo nosso).

Nessa distinção entre "grandes homens" e "homens vulgares", reside talvez o aspecto mais sombrio da resposta de Rousseau à Academia de Dijon. Não deve, diz o autor, o "santuário" das ciências estar ao alcance de um "populacho indigno" de abordá-lo. Denunciador da desigualdade extrema de riquezas, Rousseau estava longe de pregar um igualitarismo social absoluto. Se a alguns poucos gênios é reconhecida a legitimidade do cultivo do saber e das letras, que papel era reservado aos demais? O de "estudar bem seus deveres", para os quais "cada qual recebeu todas as luzes de que necessita".[32] O homem simples, cuja qualidade

---

30. Observations de J.-J. Rousseau de Genève sur la réponse qui a été faite à son discours. p. 143-144.
31. Dernière réponse de J.-J. Rousseau de Genève, p. 282.
32. Observations de J.-J. Rousseau de Genève sur la réponse qui a été faite à son discours, p. 139.

principal há de ser a virtude, e não a erudição, deve dedicar-se aos seus deveres (os trabalhos úteis, a pátria, a família). A virtude em Rousseau está intimamente associada à noção de dever, isto é, do cumprimento de funções úteis à sociedade. É com uma nação povoada de industriosos lavradores e artesãos, e não de filósofos, que Rousseau sonha, e, para isso, certas posições sociais fundamentais devem ser mantidas.

As considerações de Rousseau não deixam de evocar um debate mais amplo, já em curso no início do século XVII, acerca das implicações da extensão sem freios da instrução entre o povo francês. Crescia, já naquela época, a preocupação de que a instrução, não contida em limites sociais precisos, pudesse ameaçar, pela drenagem da população para as belas-letras, o desenvolvimento das atividades produtivas (especialmente a agricultura e o comércio), fontes de riqueza para o Estado. Acreditava-se, ademais, que a instrução podia criar expectativas sociais impossíveis de serem atendidas, não havendo espaço para todos fora do terreno muito mais vasto dos ofícios manuais. Apontava-se, assim, para o risco do parasitismo social e do desequilíbrio de uma sociedade onde os papéis sociais tendiam a se definir no nascimento.[33] Esse "espectro de uma promoção das classes laboriosas, garantida pela escola e destruidora da sociedade" continuou, ao longo do século XVIII, a assombrar muitos administradores; estes últimos encontravam algum amparo entre os filósofos, que frequentemente manifestavam certo desprezo pelas massas camponesas, ou então, como no caso de Rousseau, exaltavam a "simplicidade campes-

---

33. Tal inquietação já motivara, em 1667, uma reforma do ensino fundamental na França, destinada a enfraquecer o currículo elementar, limitando-o aos elementos mais básicos: saber ler, escrever e contar. Tratava-se de uma maneira de frear a multiplicação dos candidatos aos colégios e universidades.

tre". Tal postura se articulava com a emancipação cultural das cidades, segundo um princípio meritocrático relativo que recusava os benefícios da ilustração ao povo dos campos, do qual se esperava que mantivesse sua condição atual para que o restante da sociedade pudesse florescer. Assim, para que uma determinada elite cultural pudesse ascender no quadro de uma sociedade fundamentalmente aristocrática, a competição dos talentos tinha de ser circunscrita.[34]

Que lugar então Rousseau reserva a si mesmo? O orador não se situa entre os heróis (os Newtons, Bacons e Descartes) a quem caberia o cultivo do saber. Seu autorretrato é o de um homem simples, "que não sabe nada, e que nem por isso tem menor estima por si" (página 35). Ele é um dos "homens vulgares, a quem o céu não atribuiu tão grandes talentos e que ele não destina a tamanha glória" (página 70), restando-lhe apenas permanecer em sua "obscuridade", limitando-se a cumprir seus deveres. Sua qualidade é a virtude, e não a erudição. É legítimo questionar a sinceridade do autor a esse respeito: afinal, o relato místico da gênese do *Discurso* parecia destinar Rousseau a uma sorte mais excepcional do que a de um simples cidadão. No prefácio, sugere fazer parte daqueles que pretendem viver para além de seu século. Sua excepcionalidade como pensador clarividente entre os cegos permeia não apenas o *Discurso* como também todas as respostas às refutações de que este foi objeto. Haveria duplicidade entre o filósofo e seu possível disfarce, o orador? Questão sujeita a interpretação, tanto a tortuosa trajetória de vida de Rousseau permite ora aceitar, ora recusar tal hipótese.

---

34. FURET, François; OZOUF, Jacques. *Lire et écrire:* l'alphabétisation des français de Calvin à Jules Ferry. Paris: Les Éditions de Minuit, 1977, p. 75-76.

Em 1750, quando já não pensava mais em seu *Discurso*, Rousseau recebe a notícia de que o prêmio de Dijon lhe foi atribuído:

> Essa notícia despertou todas as ideias que o haviam provocado, animou-as com uma nova força e acabou de fermentar em meu coração o primeiro levedo de heroísmo – virtude que meu pai, minha pátria e Plutarco tinham posto nele, durante a minha infância. Nada mais via então de grande e belo, senão ser livre e virtuoso, acima de fortuna e da opinião, e bastar-se a si mesmo.[35]

A notícia de sua consagração leva Rousseau a paradoxalmente buscar uma reforma suntuária. Deseja viver de maneira simples, ganhando a vida como copista de música. Para sua infelicidade, porém, a alta roda literária não o deixaria em paz.

O *Mercure de France* anunciava tratar-se de "um dos mais belos discursos já coroados nas academias". Em 1751, o texto é publicado, anonimamente, assinado apenas por um "cidadão de Genebra". Mas, a essa altura, o nome de Rousseau já se torna conhecido de todos. A repercussão do texto é sem precedentes: nunca um vencedor de prêmio acadêmico alcançou tamanha notoriedade – e isso não apenas em território francês, pois a discussão gerada pelo texto se estendeu a outros países europeus, como a Inglaterra e a Espanha. Diderot escreve a Rousseau: "[o *Discurso*] subiu às nuvens, não há exemplo de um êxito igual".[36] Uma intensa curiosidade fora despertada por esse personagem insólito. No ano seguinte, sua ópera *O adivinho da aldeia* atrairá um público considerável.

---

35. Cf. *Confissões*, livro VIII, p. 327.
36. Ibidem, p. 333.

Mais tarde, Rousseau identificará nessa repercussão uma espécie de maldição. Seu texto perturbava um consenso já bastante consolidado na França absolutista em torno do ideal do progresso. Contestar os benefícios do desenvolvimento das artes e das ciências em pleno século das luzes tinha algo de sacrílego. Isso lhe rendeu um batalhão de adversários, como relembra nas *Confissões*: "Enquanto vivi ignorado pelo público, fui amado por todos os que me conheceram e não tive um único inimigo; mas, assim que tive um nome, não tive mais amigos".[37]

Numerosas refutações veem a luz do dia: Estanislau, rei da Polônia; Gautier, um acadêmico de Nancy; Lecat, da Academia de Dijon; o escritor Charles Bordes, da Academia de Lyon... Antes acusador, Rousseau assume agora o papel de acusado. Se todos parecem elogiar seu estilo, é frequentemente para reprovar mais duramente o que entendem ser as fabulações da mente do genebrino. Condenam-no por suas aparentes contradições, pela fragilidade de sua lógica e pela carência de suas demonstrações. Para muitos, o *Discurso* é, acima de tudo, um exercício de retórica, sem consistência argumentativa. Rousseau se empenhará em responder a cada um desses ataques por meio de textos que precisam e ampliam o alcance das lições contidas no *Discurso*.

O tom amargo e corrosivo de suas respostas é, todavia, revelador de certa descrença no potencial de convencimento de suas palavras. Mais tarde, Rousseau frequentemente atribuirá ao primeiro *Discurso* o título de marco inicial de seus malogros. Nas *Confissões*, refletirá sobre a sua decisão de concorrer ao prêmio da Academia de Dijon: "Fi-lo, e desde esse instante perdi-me. Todo o resto de minha vida e minhas desgraças foram o efeito inevitável

---

37. Ibidem, p. 332.

desse momento de desvario".[38] Após a publicação do primeiro *Discurso*, as obras radicais e controversas de Rousseau se sucederão: o *Discurso sobre a origem e os fundamentos da desigualdade entre os homens, A nova Heloísa*, o *Emílio*, o *Contrato social*, as *Confissões*... Cada uma delas reforçará o sentimento, já antecipado no primeiro *Discurso*, de isolamento do autor. A solidão de Rousseau, anunciada na epígrafe extraída de Ovídio – "o bárbaro aqui sou eu mesmo, que não sou compreendido" –, ganhará expressão definitiva em seu texto derradeiro, os inacabados *Devaneios do caminhante solitário*,[39] fechando o arco de sua atribulada trajetória de vida. Flagrar o cidadão de Genebra nos primeiros passos de sua caminhada solitária é apenas uma das razões pelas quais a leitura e a releitura do *Discurso sobre as ciências e as artes* se fazem incontornáveis para a real compreensão do lugar da obra de Rousseau no pensamento de seu tempo.

LAURENT DE SAES

---

38. Ibidem, p. 323.

39. Rousseau, J.-J. *Os devaneios do caminhante solitário*. Tradução de Laurent de Saes. São Paulo: Edipro, 2017. (N. E.)

DISCURSO
que obteve o prêmio na
Academia de Dijon,
no ano de 1750

SOBRE A SEGUINTE QUESTÃO
PROPOSTA PELA MESMA ACADEMIA:
SE O RESTABELECIMENTO DAS CIÊNCIAS E DAS ARTES
CONTRIBUIU PARA DEPURAR OS COSTUMES

Barbarus hic ego sum quia non intelligor illis.[40]

OVÍDIO

---

40. "O bárbaro aqui sou eu mesmo, que não sou compreendido" (Ovídio, Tristia, V, 10, 37). Note-se que o mesmo verso serviu de epígrafe a outra obra de Rousseau, *Rousseau juiz de Jean-Jacques*, também conhecida como *Diálogos*. (N. T.)

ADVERTÊNCIA[41]

O que é a celebridade? Eis a infeliz obra a que devo a minha. É certo que esta peça, que me valeu um prêmio e fez o meu nome, é, quando muito, medíocre, e ouso acrescentar tratar-se de uma das piores de toda esta coletânea. Que abismo de misérias não teria evitado seu autor se este primeiro livro tivesse sido recebido apenas como o merecia? Mas era preciso que uma consideração inicialmente injusta atraísse gradualmente sobre mim um rigor que o é ainda mais.

---

41. A Advertência, muito semelhante a certos comentários incluídos no livro VIII das *Confissões*, foi redigida muito tempo após a publicação do *Discurso* – provavelmente durante o exílio de Rousseau –, sendo publicada pela primeira vez ainda mais tarde, em 1781 (três anos após a morte do autor). Ela é a expressão do desencanto do filósofo com o mundo que o acolhera com tanto entusiasmo em 1750 e que, após a publicação dos polêmicos *Emílio* e *O contrato social*, o rejeitara com tanta virulência. (N. T.)

PREFÁCIO

Eis uma das grandes e mais belas questões que já tenham sido levantadas. Não se tratará, neste *Discurso*, dessas sutilezas metafísicas que se difundiram por todas as partes da literatura, e das quais os programas de Academia nem sempre se encontram isentos; tratar-se-á sim de uma dessas verdades que dizem respeito à felicidade do gênero humano.

Prevejo que dificilmente me perdoarão o partido que ousei tomar. Colidindo-me frontalmente com tudo o que faz hoje a admiração dos homens, não posso esperar nada além de uma reprovação universal; e não é por ter sido honrado com a aprovação de alguns sábios que devo contar com a do público: por isso, meu partido está tomado; não me preocupo em agradar nem aos espirituosos, nem às pessoas em voga. Haverá, em todas as épocas, homens feitos para serem subjugados pelas opiniões de seu século, de seu país, de sua sociedade: assim faz hoje o livre-pensador [42] e o filósofo, que, pela mesma razão, teria sido apenas um fanático nos tempos da Liga.[43] Não se deve jamais escrever para semelhantes leitores quando se deseja viver para além de seu século.

---

42. No original, *esprit fort*, expressão que designava pejorativamente o livre-pensador, aquele que tinha a fé por ilusória. (N. T.)

43. Referência à Liga Católica (ou Santa Liga), nome dado ao movimento católico radical que, no quadro das guerras religiosas do século XVI, se atribuiu a missão de defender o catolicismo contra o avanço do protestantismo. O movimento

Mais algumas palavras, e terei terminado. Contando pouco com a honra que recebi, eu havia, desde o envio, corrigido e aumentado este *Discurso*, a ponto de fazer dele, de alguma maneira, uma obra diferente; hoje, acreditei ter a obrigação de restabelecê-lo no estado em que foi coroado. Inseri apenas algumas notas e deixei duas adições fáceis de serem reconhecidas, e que a Academia talvez não tivesse aprovado. Pensei que a equidade, o respeito e o reconhecimento exigiam de minha parte esta advertência.

---

alcançou tamanha dimensão que chegou a ameaçar o futuro da monarquia absoluta francesa. (N. T.)

DISCURSO

Decipimur specie recti.[44]

Teria o restabelecimento das ciências e das artes contribuído para depurar ou para corromper os costumes? Eis o que se deve examinar. Que partido devo tomar nessa questão? Aquele, senhores, que convém a um homem honesto que não sabe nada, e que nem por isso tem menor estima por si.

Será difícil, eu o sinto, adequar o que tenho a dizer ao tribunal a que compareço. Como ousar condenar as ciências diante de uma das mais eruditas companhias da Europa, louvar a ignorância em uma célebre Academia e conciliar o desprezo pelo estudo com o respeito pelos verdadeiros eruditos? Vi essas contrariedades; e elas absolutamente não me desencorajaram. Disse a mim mesmo: não é a ciência que maltrato; é a virtude que defendo perante homens virtuosos. A probidade é ainda mais preciosa às pessoas de bem que a erudição aos doutos. Que tenho, pois, a temer? As luzes da assembleia que me escuta? Admito-o; mas é pela constituição do discurso, e não pelo sentimento do orador. Os soberanos equitativos nunca hesitaram em condenar a si próprios em

---

44. "Somos enganados pela aparência do que é certo" (Horácio, *Arte poética*, v. 25). (N. T.)

discussões duvidosas; e a posição mais vantajosa ao bom direito é a de ter de se defender contra uma parte íntegra e esclarecida, juiz em causa própria.

A esse motivo que me encoraja, vem juntar-se outro, que me determina: é que, após ter sustentado, de acordo com minha luz natural, o partido da verdade, seja qual for meu sucesso, há um prêmio de que não posso me privar: encontrá-lo-ei no fundo de meu coração.

PRIMEIRA PARTE

É um grande e belo espetáculo ver o homem sair, de alguma maneira, do nada por seus próprios esforços; dissipar, pelas luzes de sua razão, as trevas em que a natureza o envolvera; elevar-se acima de si mesmo; projetar-se pelo espírito até as regiões celestes; percorrer, a passos de gigante, tanto quanto o sol, a vasta extensão do universo; e, o que é ainda maior e mais difícil, recolher-se em si mesmo para estudar o homem e conhecer sua natureza, seus deveres e sua finalidade. Todas essas maravilhas se renovaram de algumas poucas gerações para cá.

A Europa tornara a cair na barbárie das primeiras épocas. Os povos desta parte do mundo, hoje tão esclarecida, viviam, há alguns séculos, em um estado pior que a ignorância. Não sei que jargão científico, ainda mais desprezível que a ignorância, usurpara o nome do saber, e opunha ao retorno deste último um obstáculo quase invencível. Era preciso uma revolução para reconduzir os homens ao senso comum; ela finalmente veio de onde menos a teríamos esperado. Foi o estúpido muçulmano, foi o eterno flagelo das letras que as fez renascer entre nós. A queda do trono de Constantino levou para a Itália os estilhaços da antiga Grécia.[45]

---

45. Rousseau faz aqui referência à tomada de Constantinopla pelos turcos em 1453, acontecimento fundador de uma nova era histórica e cultural. A contribuição dos refugiados gregos na Itália seria decisiva para o movimento do Renascimento das artes e das ciências. (N. T.)

A França, por sua vez, se enriqueceu com esses preciosos despojos. Logo, as ciências seguiram as letras; à arte de escrever juntou-se a arte de pensar; gradação que parece estranha e talvez seja apenas demasiado natural; e começou-se a sentir a principal vantagem da circulação das musas,[46] o de tornar os homens mais sociáveis, inspirando-lhes o desejo de agradar-se uns aos outros, por meio de obras dignas de sua aprovação mútua.

O espírito tem suas necessidades, assim como o corpo. As deste último são os fundamentos da sociedade, as demais são o seu adorno. Enquanto o governo e as leis proporcionam a segurança e o bem-estar dos homens reunidos, as ciências, as letras e as artes, menos despóticas e talvez mais poderosas, estendem guirlandas de flores sobre as correntes de ferro que eles carregam, sufocam neles o sentimento da liberdade original para a qual pareciam ter nascido, fazem-nos amar sua escravidão e fazem deles aquilo a que chamamos povos policiados. A necessidade elevou os tronos; as ciências e as artes os consolidaram. Potências da terra, amai os talentos e protegei aqueles que os cultivam.[47] Povos poli-

---

46. O termo *musas*, que inicialmente designava as nove deusas (que, segundo a mitologia grega, presidiam as artes liberais), também era empregado para expressar, por metonímia, as belas-letras em geral, e especialmente a arte poética. O século XVIII viveu um verdadeiro "culto às musas", que Rousseau procura denunciar no primeiro *Discurso*. (N. T.)

47. Os príncipes sempre veem com prazer o gosto para as artes agradáveis e para as superfluidades – das quais não resulte exportação de dinheiro – estender-se entre seus súditos. Pois, além de alimentá-los assim nessa pequenez de alma tão adequada à servidão, eles sabem muito bem que todas as necessidades que o povo atribui a si mesmo constituem tantas correntes que ele carrega. Alexandre, desejando manter os ictiófagos em sua dependência, constrangeu-os a renunciar à pesca e a consumir alimentos comuns aos demais povos; e os selvagens da América, que andam inteiramente nus e que vivem somente do produto de sua caça, jamais puderam ser domados. Com efeito, que jugo se imporia a homens que não necessitam de nada?

ciados, cultivai-os: felizes escravos, deveis-lhes esse gosto delicado e fino de que vos vangloriais; essa doçura de caráter e essa urbanidade de costumes que tornam entre vós o convívio tão afável e tão fácil; em uma palavra, as aparências de todas as virtudes sem possuir nenhuma delas.

É por essa espécie de polidez, tanto mais amável quanto menos procura se mostrar, que, no passado, se distinguiram Atenas e Roma, nos tão louvados dias de sua magnificência e de seu esplendor: é por meio dela, certamente, que nosso século e nossa nação prevalecerão sobre todos os tempos e sobre todos os povos. Um tom filosófico sem pedantaria, maneiras naturais e, no entanto, atenciosas, igualmente distantes da rusticidade tudesca e da pantomina ultramontana:[48] eis os frutos do gosto adquirido por meio de bons estudos e aperfeiçoado na frequentação do mundo.

Como seria doce viver entre vós, se a postura externa fosse sempre a imagem das disposições do coração; se a decência fosse a virtude; se nossas máximas nos servissem de regras; se a verdadeira filosofia fosse inseparável do título de filósofo! Mas tantas qualidades raramente andam juntas, e a virtude não caminha com tão grande pompa. A riqueza do enfeite pode anunciar um homem de gosto; o homem são e robusto se reconhece por outras marcas: é sob o hábito rústico de um lavrador, e não sob a douradura de um cortesão, que se encontrará a força e o vigor do corpo. O enfeite não é menos estranho à virtude, a qual é força e vigor da alma. O homem de bem é um atleta a quem agrada combater nu: despreza todos esses vis ornamentos que embaraçariam o uso de suas forças, e dos quais a maioria foi inventada somente para dissimular alguma deformidade.

---

48. "tudesca": alemã; "ultramontana": italiana. (N. T.)

Antes que a arte tivesse moldado nossas maneiras e ensinado nossas paixões a falar uma linguagem afetada, nossos costumes eram rústicos, porém naturais; e a diferença das atitudes anunciava, ao primeiro olhar, a dos caracteres. No fundo, a natureza humana não era melhor; mas os homens encontravam sua segurança na facilidade de compreender-se reciprocamente, e tal vantagem, cujo valor não mais sentimos, os poupava de muitos vícios.

Hoje, tendo pesquisas mais sutis e um gosto mais fino reduzido à arte de agradar a princípios,[49] reina em nossos costumes uma vil e enganosa uniformidade, e todos os espíritos parecem ter sido despejados em um mesmo molde: incessantemente, a polidez exige, o decoro ordena; incessantemente, seguem-se usos, e nunca o próprio gênio. Ninguém mais ousa parecer o que é; e, nesse constrangimento perpétuo, os homens que formam esse rebanho a que chamamos sociedade, situados nas mesmas circunstâncias, farão todos as mesmas coisas, se motivos mais poderosos não os desviarem delas. Nunca realmente saberemos, portanto, com quem estamos lidando: será, pois, preciso, para conhecer um amigo, aguardar as grandes ocasiões, isto é, aguardar que já não haja mais tempo, pois é para essas mesmas ocasiões que teria sido essencial conhecê-lo.

Que cortejo de vícios não acompanhará tal incerteza? Não há mais amizades sinceras, nem estima real, nem confiança fundada. As desconfianças, as invejas, os temores, a frieza, a reserva, o ódio e a traição irão se dissimular continuamente sob esse véu uniforme e pérfido da polidez, sob essa urbanidade tão louvada que devemos às luzes de nosso século. Ninguém mais profanará com

---

49. Rousseau parece aludir aqui aos numerosos tratados de civilidade que proliferaram no século XVIII. (N. T.)

insultos o nome do senhor do universo, mas este será insultado com blasfêmias, sem que nossos ouvidos escrupulosos sejam por isso ofendidos. Ninguém louvará o próprio mérito, mas será rebaixado o de outrem. Ninguém ultrajará grosseiramente seu inimigo, mas este será caluniado com destreza. Os ódios nacionais se extinguirão, mas com o amor à pátria ao seu lado. A ignorância desprezada será substituída por um perigoso pirronismo.[50] Excessos serão proscritos, e vícios desonrados, mas outros serão decorados com o nome de virtudes; será preciso tê-los ou simulá-los. Louvará quem quiser a sobriedade dos sábios de nosso tempo; quanto a mim, vejo nela apenas um refinamento de intemperança tão indigno de meu elogio quanto sua artificiosa simplicidade.[51]

Essa é a pureza que nossos costumes adquiriram. É assim que nos tornamos pessoas de bem. Cabe às letras, às ciências e às artes reivindicar o que lhes pertence em tão salutar obra. Acrescentarei somente uma reflexão: é que um habitante de alguma região distante que buscasse formar uma ideia dos costumes europeus sobre o estado das ciências entre nós, sobre a perfeição de nossas artes, sobre a decência de nossos espetáculos, sobre a polidez de nossas maneiras, sobre a afabilidade de nossos discursos, sobre nossas demonstrações perpétuas de benevolência,

---

50. Corrente do ceticismo fundada por Enesidemo de Cnossos no século I d.C. Foi posteriormente registrada por Sexto Empírico, no século III. Deve seu nome a Pirro de Élis, cético do século I a.C. Contrário a qualquer forma de dogmatismo, o ceticismo pirrônico prega um estado de permanente inquirição, recusando aceitação a proposições cuja evidência não é manifesta. Tal corrente filosófica exerceu grande influência na visão científica do mundo moderno. (N. T.)
51. "Agrada-me", diz Montaigne, "contestar e discorrer, mas com poucos homens e para mim. Pois acredito que servir de espetáculo aos grandes e exibir à porfia seu espírito e sua tagarelice é um ofício muito indecoroso para um homem honrado." É o ofício de todos os nossos espirituosos, com a exceção de um deles. ([N. T.: Pode tratar-se de uma alusão ao seu amigo Diderot]).

e sobre esse concurso tumultuoso de homens de toda idade e de toda condição que parecem apressados, desde o nascer da aurora até o pôr do sol, em obsequiar-se reciprocamente; é que esse estrangeiro, repito, reconheceria exatamente em nossos costumes o contrário do que são.

Aí onde não há nenhum efeito, não há causa alguma a ser buscada; mas aqui o efeito é certo, a depravação real, e nossas almas se corromperam à medida que nossas ciências e nossas artes avançaram rumo à perfeição. Dir-se-á tratar-se de um infortúnio particular de nossa era? Não, senhores; os males causados por nossa vã curiosidade são tão velhos quanto o mundo. A elevação e a descida diária do nível das águas do oceano não foram mais regularmente sujeitadas ao curso do astro que nos ilumina durante a noite do que a sorte dos costumes e da probidade ao progresso das ciências e das artes. Viu-se a virtude fugir à medida que a luz daquelas se elevava sobre o nosso horizonte, e o mesmo fenômeno se observou em todos os tempos e em todos os lugares.

Vede o Egito, essa primeira escola do universo, esse clima tão fértil sob um céu de bronze, essa região célebre, de onde Sesóstris[52] um dia partiu para conquistar o mundo. Ela se tornou a mãe da filosofia e das belas-artes, e, logo depois, a conquista de Cambises,[53] em seguida a dos gregos, dos romanos, dos árabes e, finalmente, dos turcos.

Vede a Grécia, outrora povoada de heróis que derrotaram por duas vezes a Ásia, uma diante de Troia e outra em seus próprios lares. As letras nascentes ainda não haviam levado a corrupção aos

---

52. Faraó da XII dinastia do Egito. (N. T.)
53. Imperador da Pérsia. (N. T.)

corações de seus habitantes; mas o progresso das artes, a dissolução dos costumes e o jugo do macedônio se sucederam de perto; e a Grécia, sempre erudita, sempre voluptuosa, sempre escrava, não sofreu em suas revoluções mais do que mudanças de senhores. Toda a eloquência de Demóstenes[54] nunca pôde reanimar um corpo que o luxo e as artes haviam enfraquecido.

É no tempo dos Ênios e dos Terêncios[55] que Roma, fundada por um pegureiro e notabilizada por lavradores, começa a degenerar. Mas, após os Ovídios, os Catulos, os Marciais[56] e essa multidão de autores obscenos, cujos nomes bastam para alarmar o pudor, Roma, outrora o templo da virtude, se torna o teatro do crime, o opróbrio das nações e o joguete dos bárbaros. Essa capital do mundo finalmente cai sob o jugo que impusera a tantos povos, e o dia de sua queda foi a véspera daquele em que se deu a um de seus cidadãos o título de árbitro do bom gosto.[57]

Que direi sobre essa metrópole do império do Oriente, que, por sua posição, parecia dever ser a do mundo inteiro, desse asilo das ciências e das artes proscritas do resto da Europa, talvez mais por sabedoria do que por barbárie? Tudo o que o deboche e a corrupção têm de mais vergonhoso; as traições, os assassinatos e os venenos de mais sombrio; o concurso de todos os crimes de mais

---

54. Demóstenes (384 a.C.-322 a.C.), importante orador e político ateniense. (N. T.)

55. Quinto Ênio (239 a.C.-169 a.C.), dramaturgo e, para muitos, o primeiro grande poeta épico romano; Públio Terêncio Afro (185 a.C.-159 a.C.), poeta e dramaturgo romano, autor de comédias. (N. T.)

56. Públio Ovídio Naso (43 a.C.-17 ou 18 d.C.), um dos grandes expoentes da poesia erótica romana (cf. *Heroides*, *Amores* e *Ars Amatoria*); Caio Valério Catulo (87 ou 84 a.C.-57 ou 54 a.C.), autor de controversos poemas de conteúdo erótico; Marco Valério Marcial (38-104 d.C.), autor latino de epigramas obscenos. (N. T.)

57. Segundo o historiador Tácito, o prosador romano Petrônio, autor do *Satíricon*, amigo íntimo do imperador Nero, foi admitido em sua corte como "árbitro do bom gosto". (N. T.)

atroz: eis o que forma o tecido da história de Constantinopla; eis a fonte pura de onde emanaram as luzes de que nosso século se glorifica.

Mas por que procurar em tempos recuados provas de uma verdade para a qual temos diante dos olhos testemunhos subsistentes? Há, na Ásia, uma região imensa onde as letras honradas conduzem às primeiras dignidades do Estado. Se as ciências depurassem os costumes, se elas ensinassem os homens a derramar seu sangue pela pátria, se elas animassem a coragem, os povos da China deveriam ser sábios, livres e invencíveis. Mas se não há nenhum vício que não os domine, nenhum crime que não lhes seja familiar; se nem as luzes dos ministros, nem a pretensa sabedoria das leis, nem a multidão dos habitantes daquele vasto império puderam protegê-lo do jugo do tártaro ignorante e grosseiro, de que lhe serviram todos os seus eruditos? Que fruto ele extraiu das honras com que eles se satisfizeram? Seria o de ser povoado de escravos e de malfeitores?

Oponhamos a esses quadros o dos costumes do pequeno número de povos que, preservados desse contágio dos conhecimentos vãos, fizeram, por suas virtudes, sua própria felicidade e o exemplo das outras nações. Assim foram os primeiros persas, nação singular no seio da qual se aprendia a virtude assim como, entre nós, se aprende a ciência;[58] que subjugou a Ásia com tanta facilidade, e que foi única a ter a glória de ter a história de suas instituições passado por um romance de filosofia. Assim foram os citas, dos quais nos foram deixados tão magníficos elogios. As-

---

58. Rousseau retoma aqui considerações de Montaigne sobre a educação dos persas, os quais, assim como os espartanos, privilegiavam o aprendizado da virtude e do bem agir (cf. *Ensaios*, livro I, capítulo 25, "Do Pedantismo"). (N. T.)

sim foram os germânicos, cujas simplicidade, inocência e virtudes uma pena, enfastiada de delinear os crimes e as maldades de um povo instruído, se consolava em retratar. Assim fora Roma, até mesmo nos tempos de sua pobreza e de sua ignorância. Assim, por fim, se mostrou, até os dias de hoje, essa nação rústica[59] tão louvada por sua coragem, que a adversidade não pôde abater, e por sua fidelidade, que o exemplo não pôde corromper.[60]

Não é, de modo algum, por estupidez que esses povos preferiram outros exercícios aos do espírito. Não ignoravam que, em outras regiões, homens ociosos passavam sua vida querelando-se sobre o bem soberano, sobre o vício e sobre a virtude, e que orgulhosos arrazoadores, oferecendo a si próprios os maiores elogios, confundiam os demais povos sob o depreciativo nome de bárbaros; mas eles consideraram seus costumes e aprenderam a desdenhar sua doutrina.[61]

Teria eu esquecido que foi no próprio seio da Grécia que vimos elevar-se essa cidade tão célebre por sua feliz ignorância quanto pela sabedoria de suas leis, essa república de semideuses mais do

---

59. Possível alusão a Genebra, lugar de origem de Rousseau. (N. T.)

60. Não ouso falar dessas felizes nações que sequer conhecem de nome os vícios que temos tanta dificuldade em reprimir, desses selvagens da América, cuja simples e natural polícia Montaigne não hesita em preferir, não somente às leis de Platão, mas até mesmo a tudo o que a filosofia poderá um dia imaginar de mais perfeito para o governo dos povos. Cita muitos exemplos marcantes para quem os soubesse admirar. "Mas como!", diz, "eles não vestem calças!"

61. De boa-fé, digam-me que opinião deviam ter os próprios atenienses da eloquência quando a afastaram com tanto cuidado desse tribunal íntegro de cujos julgamentos os próprios deuses não apelavam? O que os romanos pensavam da medicina quando a baniram de sua República? E quando um resto de humanidade levou os espanhóis a proibirem à sua gente da lei a entrada na América, que ideia deviam ter da jurisprudência? Não se dirá que pensaram reparar, por esse único ato, todos os males que haviam feito a esses desafortunados índios?

que de homens, tanto as virtudes daqueles pareciam superiores à humanidade? Ó, Esparta, opróbrio eterno de uma doutrina vã! Enquanto os vícios conduzidos pelas belas-artes se introduziam juntamente em Atenas, enquanto um tirano nela reunia com tanto cuidado as obras do príncipe dos poetas,[62] expulsavas de teus muros as artes e os artistas, as ciências e os eruditos.[63]

O acontecimento marcou essa diferença. Atenas se tornou sede da polidez e do bom gosto, terra dos oradores e dos filósofos. Nela, a elegância das construções refletia a da linguagem. Viam-se, por toda parte, o mármore e o tecido animados pelas mãos dos mais hábeis mestres. É de Atenas que vieram essas surpreendentes obras que servirão de modelos em todas as épocas corrompidas. O quadro da Lacedemônia[64] é menos reluzente. *Lá, diziam os demais povos, os homens nascem virtuosos, e o próprio ar da região parece inspirar a virtude.* Resta-nos de seus habitantes somente a lembrança de suas ações heroicas. Semelhantes monumentos valeriam menos para nós do que os curiosos mármores que Atenas nos deixou?

Alguns sábios, é verdade, resistiram à torrente geral e se protegeram do vício na morada das musas. Escutemos, porém, o juízo que o primeiro e mais infeliz entre eles[65] formava a respeito dos eruditos e dos artistas de seu tempo.

"Examinei", diz, "os poetas, e os encaro como pessoas cujo talento impressiona a elas mesmas e aos outros, que se apresen-

---

62. Título comumente atribuído a Homero. (N. T.)
63. Plutarco, em sua *Vida de Licurgo*, relata terem sido banidas de Esparta "todas as artes frívolas e supérfluas" (cf. *Les vies des hommes illustres*. Paris: Didier, Libraire-éditeur, v. 1, p. 155). (N. T.)
64. Outra designação para Esparta. (N. T.)
65. Trata-se do filósofo Sócrates (século V a.C.). (N. T.)

tam como sábias, que assim são consideradas e que não poderiam estar mais longe de sê-lo."

"Dos poetas", continua Sócrates, "passei para os artistas. Ninguém ignorava mais as artes do que eu; ninguém estava mais convencido de que os artistas possuíam belíssimos segredos. No entanto, percebi que sua condição não é melhor que a dos poetas e que eles se encontram, tanto uns como outros, no mesmo preconceito. Por distinguirem-se os mais hábeis entre eles em seu ramo, encaram-se como os mais sábios dos homens. Aos meus olhos, tal presunção manchou inteiramente seu saber. De sorte que, pondo-me no lugar do oráculo e perguntando-me o que mais me agradaria ser, o que sou ou o que eles são, isto é, saber o que aprenderam ou saber que nada sei, respondi a mim mesmo e ao deus: desejo permanecer o que sou."

"Não sabemos, nem os sofistas, nem os poetas, nem os oradores, nem os artistas, nem eu, o que é o verdadeiro, o bom e o belo. Existe, porém, entre nós a diferença de que, embora essa gente não saiba nada, todos acreditam saber alguma coisa. Ao passo que eu, se não sei nada, pelo menos não estou em dúvida. De sorte que toda essa superioridade de sabedoria que me é atribuída pelo oráculo se reduz somente a estar bem convencido de que ignoro o que não sei."[66]

Aí está, portanto, o mais sábio dos homens segundo o juízo dos deuses, e o mais erudito dos atenienses de acordo com o sentimento da Grécia inteira, Sócrates, fazendo o elogio da ignorância! Acredita-se que, se ele ressuscitasse entre nós, nossos cientistas e nossos artistas o fariam mudar de ideia? Não, senhores,

---

66. Rousseau retoma aqui a exposição de Sócrates sobre o *não saber* (cf. Platão. *Apologia de Sócrates*; tradução de Edson Bini. Bauru: Edipro, 2011). (N. T.)

esse homem justo continuaria a desprezar nossas ciências vãs; ele não ajudaria, de modo algum, a aumentar essa massa de livros com que somos inundados por todos os lados, e deixaria, como fez, como único preceito aos seus discípulos e aos nossos descendentes, somente o exemplo e a lembrança de sua virtude. É assim que é belo instruir os homens!

Sócrates começara em Atenas, e o velho Catão continuou em Roma a enfurecer-se contra aqueles gregos artificiosos e sutis que seduziam a virtude e amoleciam a coragem de seus concidadãos. Mas as ciências, as artes e a dialética ainda prevaleceram: Roma se encheu de filósofos e de oradores; negligenciou-se a disciplina militar, desprezou-se a agricultura, abraçaram-se seitas e esqueceu-se a pátria. Às palavras sagradas liberdade, altruísmo e obediência às leis, sucederam os nomes de Epicuro, de Zenão, de Arcesilau.[67] *Desde que os eruditos começaram a aparecer entre nós*, diziam seus próprios filósofos, *as pessoas de bem se eclipsaram.*[68] Até então, os romanos se tinham contentado em praticar a virtude; tudo foi perdido quando começaram a estudá-la.

Ó, Fabrício![69] Que teria pensado vossa grande alma, se para vossa infelicidade chamado de volta à vida, tivésseis visto a face pomposa dessa Roma salva por vosso braço e que vosso respeitável nome engrandecera mais do que todas as suas conquistas?

---

67. Três importantes filósofos e professores gregos: Epicuro (341-270 a.C.), inspirador de sua própria escola, o epicurismo; Zenão de Cítio (333-263 a.C.), fundador da escola estoica; e Arcesilau (316-241 a.C.), expoente do ceticismo filosófico. (N. T.)
68. Citação extraída da Carta 95 a Lucílio, de Sêneca. (N. T.)
69. Nome do negociador enviado por Roma ao rei Pirro do Epiro, após a derrota na batalha de Heracleia (280 a.C.), a qual deu início à Guerra Pírrica. Fabrício é lembrado por sua retidão, austeridade e elevação moral. Segundo o próprio Rousseau, a "Prosopopeia de Fabrício" foi escrita imediatamente após o episódio da "Iluminação de Vincennes", no mesmo local em que esta se produziu. (N. T.)

"Deuses!", teríeis dito, "onde estão aqueles tetos de palha e aqueles lares rústicos que outrora abrigavam a moderação e a virtude? Que esplendor funesto sucedeu à simplicidade romana? Que linguagem estranha é esta? Que costumes efeminados são estes? Que significam estas estátuas, estes quadros, estes edifícios? Insensatos, que fizestes? Vós, senhores das nações, vos tornastes escravos dos homens frívolos que derrotastes? São os retores[70] que vos governam? É para enriquecer arquitetos, pintores, estatuários e histriões que banhastes com vosso sangue a Grécia e a Ásia? Os despojos de Cartago são a presa de um tocador de flauta?[71] Romanos, apressai-vos em derrubar estes anfiteatros; despedaçai estes mármores; queimai estes quadros; expulsai estes escravos que vos subjugam e cujas artes funestas vos corrompem. Que outras mãos se distingam por talentos vãos; o único talento digno de Roma é o de conquistar o mundo e de nele fazer reinar a virtude. Quando Cíneas[72] tomou nosso Senado por uma assembleia de reis, não foi ofuscado nem por uma pompa vã, nem por uma esmerada elegância. Não ouviu nada desta eloquência frívola, estudo e encanto dos homens fúteis. Que viu então Cíneas de tão majestoso? Ó, cidadãos! Viu um espetáculo que nem vossas riquezas nem todas as vossas artes jamais vos oferecerão; o mais belo espetáculo que já tenha surgido sob o céu, a assembleia de duzentos homens virtuosos, dignos de comandar Roma e de governar a terra."

---

70. Especialistas ou mestres em retórica. (N. T.)

71. Referência a Nero, imperador que se vangloriava de seu talento como flautista. (N. T.)

72. Ministro na Tessália e amigo de Pirro, rei do Epiro. Na guerra contra Roma, após vencer a batalha de Heracleia, Pirro enviou Cíneas como embaixador para levar suas propostas de paz. Ao retornar de sua missão, Cíneas lhe informou que o Senado romano era uma assembleia de homens veneráveis. (N. T.)

Transponhamos, porém, a distância entre os lugares e entre os tempos, e vejamos o que ocorreu em nossas terras e diante de nossos olhos; ou, antes, afastemos pinturas odiosas que feririam nossa delicadeza, e poupemo-nos do esforço de repetir as mesmas coisas sob outros nomes. Não é em vão que eu evocava os manes[73] de Fabrício; e que palavras atribuí a esse grande homem que eu não poderia ter posto na boca de Luís XII ou de Henrique IV?[74] Entre nós, é verdade, Sócrates não teria bebido a cicuta; mas teria bebido, em um cálice ainda mais amargo, a zombaria insultante e o desprezo cem vezes pior que a morte.

É assim que o luxo, a dissolução e a escravidão foram, em todas as épocas, o castigo dos orgulhosos esforços que fizemos para sair da feliz ignorância em que a sabedoria eterna nos deixara. O véu espesso com que ela cobriu todas as suas operações parecia suficiente para nos avisar de que ela não nos destinara a buscas vãs. Mas há alguma de suas lições que tenhamos sabido aproveitar, ou que tenhamos negligenciado impunemente? Povos, sabei, portanto, de uma vez por todas, que a natureza desejou preservar-vos da ciência, assim como uma mãe arranca uma arma perigosa das mãos de seu filho; que todos os segredos que ela esconde de vós constituem tantos males de que ela vos protege, e que a dificuldade que encontrais em vos instruir não é o menor de seus benefícios. Os homens são perversos; seriam ainda piores se tivessem tido a infelicidade de nascer eruditos.

Como são humilhantes essas reflexões para a humanidade! Como deve estar ultrajado nosso orgulho! Quê! A probidade seria

---

73. Na mitologia romana, os manes eram as almas ou espíritos dos mortos; eram venerados como parte do culto aos antepassados. (N. T.)

74. Rousseau cita aqui dois exemplos de reis tidos como populares entre os franceses: Luís XII (1462-1515), "o pai do povo", e Henrique IV (1553-1610). (N. T.)

filha da ignorância? A ciência e a virtude seriam incompatíveis? Que consequências não se extrairiam desses preconceitos? Mas, para conciliar essas aparentes contrariedades, basta examinar de perto a vaidade e a nulidade desses títulos orgulhosos que nos ofuscam, e que tão gratuitamente atribuímos aos conhecimentos humanos. Consideremos, pois, as ciências e as artes em si mesmas. Vejamos o que deve resultar de seu progresso; e não hesitemos mais em concordar quanto a todos os pontos a respeito dos quais nossos raciocínios estarão de acordo com as induções históricas.

SEGUNDA PARTE

Por uma antiga tradição transposta do Egito para a Grécia, um deus inimigo do repouso dos homens era o inventor das ciências.[75] Que opinião era preciso então que tivessem delas os próprios egípcios, entre os quais elas haviam nascido? É que eles viam de perto as fontes que as haviam produzido. Com efeito, quer se folheiem os anais do mundo, quer se supram as crônicas incertas por pesquisas filosóficas, não se encontrará, para os conhecimentos humanos, uma origem que corresponda à ideia que gostamos de formar a seu respeito. A astronomia nasceu da superstição; a eloquência da ambição, do ódio, da adulação, da mentira; a geometria da avareza; a física de uma curiosidade vã; todas, e até mesmo a moral, do orgulho humano. As ciências e as artes devem, pois, seu nascimento aos nossos vícios: estaríamos menos em dúvida sobre suas vantagens se elas o devessem às nossas virtudes.

O defeito de sua origem está mais do que delineado em seus objetos. Que faríamos com as artes sem o luxo que as alimenta? Sem as injustiças dos homens, de que serviria a jurisprudência? O que aconteceria com a história, se não houvesse nem tiranos,

---

75. Vê-se facilmente a alegoria da fábula de Prometeu; e não parece que os gregos, que o acorrentaram no Cáucaso, tivessem dele uma ideia mais favorável que os egípcios de seu deus Tot. "O sátiro", diz uma antiga fábula, "quis beijar e abraçar o fogo, desde a primeira vez que o viu; mas Prometeu lhe gritou: 'Sátiro, lamentarás pela barba de teu queixo, pois ele queima quando o tocamos'." É o tema do frontispício.

nem guerras, nem conspiradores? Quem desejaria, numa palavra, passar sua vida em estéreis contemplações se cada qual, consultando apenas os deveres do homem e as necessidades da natureza, tivesse tempo apenas para a pátria, para os infelizes e para seus amigos? Somos, portanto, feitos para morrer atados à beira do poço em que a verdade se recolheu? Essa reflexão deveria bastar para desencorajar, desde os primeiros passos, todo homem que buscasse seriamente se instruir pelo estudo da filosofia.

Quantos perigos! Quantos descaminhos na investigação das ciências! Por quantos erros, mil vezes mais perigosos do que é útil a verdade, não é preciso passar para chegar até ela? A desvantagem é visível; pois o falso é suscetível de uma infinidade de combinações; mas a verdade tem apenas uma maneira de ser.[76] Quem, aliás, muito sinceramente a procura? Mesmo com a maior boa vontade, por quais marcas estamos certos de reconhecê-la? Nessa massa de sentimentos diferentes, qual será nosso critério para julgá-la adequadamente?[77] E, o que é mais difícil, se por felicidade a encontrarmos no final, quem de nós saberá fazer bom uso dela?

Se nossas ciências são vãs no objetivo que propõem a si mesmas, elas são ainda mais perigosas pelos efeitos que produzem. Nascidas no ócio, elas, por sua vez, o alimentam; e a perda irrepa-

---

76. A passagem em questão remete a Montaigne, que escreveu: "Se, assim como a verdade, a mentira tivesse apenas uma face, estaríamos em melhores termos: pois teríamos por certo o oposto do que dissesse o mentiroso. Mas o reverso da verdade tem cem mil figuras, e um campo indefinido" (cf. *Ensaios*, livro I, capítulo 9, "Dos mentirosos"). (N. T.)

77. Quanto menos sabemos, mais acreditamos saber. Duvidavam os peripatéticos de alguma coisa? Não construiu Descartes o universo com cubos e turbilhões? E haveria, hoje mesmo, na Europa físico tão insignificante que não explicasse audaciosamente o profundo mistério da eletricidade, que fará talvez para sempre o desespero dos verdadeiros filósofos?

rável do tempo é o primeiro prejuízo que necessariamente causam à sociedade. Na política, assim como na moral, é um grande mal não fazer nenhum bem; e todo cidadão inútil pode ser encarado como um homem pernicioso. Respondei-me, portanto, filósofos ilustres, vós por meio de quem sabemos em que razões os corpos se atraem no vazio; e quais são, nas revoluções dos planetas, as relações das áreas percorridas em tempos iguais; e quais curvas possuem pontos conjugados, pontos de inflexão e de reversão; e como o homem vê tudo em Deus; e como a alma e o corpo se correspondem sem comunicação, como fariam dois relógios; e que astros podem ser habitados; e que insetos se reproduzem de maneira extraordinária;[78] respondei-me, repito, vós de quem recebemos tantos conhecimentos sublimes: caso não nos tivésseis ensinado nada dessas coisas, acaso seríamos menos numerosos, menos bem governados, menos temíveis, menos florescentes ou mais perversos? Refleti, portanto, sobre a importância de vossas produções; e se os trabalhos dos mais esclarecidos de nossos eruditos e de nossos melhores cidadãos nos proporcionam tão pouca utilidade, dizei-nos o que devemos pensar dessa multidão de escritores obscuros e de letrados ociosos que devoram inutilmente a substância do Estado.

O que digo: ociosos? Quisesse Deus que, com efeito, o fossem. Mas esses vãos e fúteis declamadores andam por todos os lados,

---

78. Rousseau se refere aqui sucessivamente a: Isaac Newton, enunciador da lei da gravitação universal; Johannes Kepler, estudioso das leis do movimento planetário; Leibniz, Newton e Pascal; o filósofo Nicolas Malebranche, para quem vemos em Deus tudo o que verdadeiramente conhecemos; Leibniz, que compara o corpo e a alma a dois relógios funcionando simultaneamente; Bernard de Fontenelle, autor de estudos sobre a pluralidade dos mundos; e René-Antoine Réaumur, um dos primeiros expoentes da entomologia (estudo dos insetos). (N. T.)

armados com seus funestos paradoxos, minando os fundamentos da fé e aniquilando a virtude. Sorriem desdenhosamente diante das velhas palavras pátria e religião, e dedicam seus talentos e sua filosofia a destruir e aviltar tudo o que há de sagrado entre os homens. Não que, no fundo, odeiem a virtude ou nossos dogmas; é da opinião pública que são inimigos; e para reconduzi-los aos pés dos altares, bastaria relegá-los entre os ateus. Ó, mania de sobressair, o que não podeis fazer?

O abuso do tempo é um grande mal. Outros males ainda piores acompanham as letras e as artes. É o caso do luxo, nascido, assim como elas, do ócio e da vaidade dos homens. O luxo raramente anda sem as ciências e as artes, e elas nunca andam sem ele. Sei que nossa filosofia, sempre fecunda em máximas singulares, sustenta, contrariando a experiência de todos os séculos, que o luxo faz o esplendor dos Estados;[79] mas, após ter esquecido a necessidade das leis suntuárias,[80] ainda ousará ela negar que os bons costumes sejam essenciais à duração dos impérios, e que o luxo seja diametralmente oposto aos bons costumes? Que o luxo seja um sinal certo das riquezas; e que até mesmo sirva, caso se queira, para multiplicá-las: que se deverá concluir desse paradoxo tão digno de ter nascido nos dias de hoje? E o que acontecerá com a virtude, quando for preciso enriquecer-se a qualquer custo? Os antigos políticos falavam inces-

---

79. Rousseau critica a ideia do caráter civilizador do luxo. Em suas *Cartas filosóficas* (1734), Voltaire sustenta que a felicidade de uma nação requer uma vida material abastada que favoreça as artes. O luxo e o comércio aparecem como garantias das liberdades e de relações civilizadas entre os homens. (N. T.)

80. Leis que regulavam os hábitos de consumo, no intuito de restringir o luxo e os excessos nos gastos relativos à vestimenta, à alimentação, à mobília etc. O objetivo de tais leis era reforçar hierarquias sociais, por meio da restrição do consumo. Instituídas na baixa Idade Média europeia, as leis suntuárias ainda subsistiam no século XVII, embora fossem pouco observadas. (N. T.)

santemente de costumes e de virtude; os nossos falam apenas de comércio e de dinheiro. Um vos dirá que um homem vale em tal região a soma pela qual o venderiam em Argel; outro, seguindo esse cálculo, encontrará países em que o homem não vale nada, e outros onde ele vale menos que nada. Avaliam os homens como manadas de gado. Segundo eles, um homem vale para o Estado somente o consumo que nele faz. Assim, um sibarita teria valido tanto quanto trinta lacedemônios. Adivinhemos então qual das duas repúblicas, Esparta ou Síbaris, foi subjugada por um punhado de camponeses, e qual fez tremer a Ásia.

A monarquia de Ciro foi conquistada com trinta mil homens por um príncipe mais pobre que o menor dos sátrapas da Pérsia;[81] e os citas, o mais miserável de todos os povos, resistiram aos mais poderosos monarcas do universo. Duas famosas repúblicas disputaram o império do mundo; uma era muito rica, a outra não possuía nada, e foi esta última que destruiu a outra. O Império Romano, por sua vez, após ter engolido todas as riquezas do universo, foi presa de gente que sequer sabia o que era riqueza. Os francos conquistaram as Gálias, os saxões a Inglaterra, sem outros tesouros além de sua bravura e de sua pobreza. Uma tropa de pobres montanheses, cuja única avidez se limitava a algumas peles de carneiro, após ter domado a altivez austríaca, esmagou a opulenta e temível Casa de Borgonha que fazia tremer os potentados da Europa. Por fim, todo o poder e toda a sabedoria do herdeiro de Carlos Quinto, sustentados por todos os tesouros das Índias, vieram despedaçar-se contra um punhado de pescadores de arenque.[82] Que nossos políticos se

---

81. Referência à derrota de Ciro diante de Alexandre, o Grande em 334 a.C. (N. T.)
82. Rousseau parece aludir à vitória da resistência holandesa perante a Espanha católica, que levou Filipe II a reconhecer a independência da parte norte dos Países Baixos em 1581, sob o nome de Províncias Unidas. (N. T.)

dignem a suspender seus cálculos para refletir sobre esses exemplos, e que aprendam, de uma vez por todas, que com dinheiro tem-se tudo, exceto costumes e cidadãos.

De que se precisamente se trata, portanto, nessa questão do luxo? De saber o que importa mais aos impérios: ser brilhantes e momentâneos, ou virtuosos e duráveis. Digo brilhante, mas com que fulgor? O gosto para o fausto se associa mal, nas mesmas almas, ao gosto para o honesto. Não, não é possível que espíritos degradados por um amontoado de cuidados fúteis se elevem um dia a algo grande; e, ainda que tivessem força para isso, faltar-lhes-ia coragem.

Todo artista deseja ser aplaudido. Os elogios de seus contemporâneos constituem a parte mais preciosa de sua recompensa. O que fará então para obtê-los, se tiver a infelicidade de ter nascido em um povo e em tempos em que os eruditos que estão na moda deixaram uma juventude frívola em condições de dar o tom; em que os homens sacrificaram seu gosto no altar dos tiranos de sua liberdade;[83] em que, não ousando um dos sexos aprovar o que é proporcional à pusilanimidade do outro, abandonam-se obras-primas de poesia dramática, e prodígios de harmonia são rejeitados? O que ele fará, senhores? Rebaixará seu gênio ao nível

---

83. Estou muito longe de pensar que esse domínio das mulheres seja um mal em si. É um presente que lhes deu a natureza para a felicidade do gênero humano: mais bem dirigido, ele poderia produzir tanto bem quanto faz mal hoje. Não se percebe suficientemente que vantagens nasceriam na sociedade de uma melhor educação dada a essa metade do gênero humano que governa a outra. Os homens farão sempre o que agrada às mulheres: se quereis, portanto, que eles se tornem grandes e virtuosos, ensinai às mulheres o que é grandeza de alma e virtude. As reflexões que esse assunto proporciona, e que Platão fez no passado, mereceriam muito ser mais bem desenvolvidas por uma pena digna de escrever de acordo com tal mestre e de defender tão grande causa.

de seu século, e preferirá compor obras comuns que se admiram durante sua vida a maravilhas que se admirariam apenas muito tempo após sua morte. Dizei-nos, célebre Arouet,[84] quantas belezas másculas e fortes sacrificastes por nossa falsa delicadeza, e o quanto o espírito de galantaria, tão fértil em pequenas coisas, vos custou em coisas grandes.

É assim que a dissolução dos costumes, consequência necessária do luxo, acarreta, por sua vez, a corrupção do gosto. Se, por acaso, entre os homens extraordinários por seus talentos, houver algum que tenha firmeza na alma e que se recuse a se prestar ao gênio de seu século e a se aviltar por produções pueris, desgraçado dele! Morrerá na indigência e no esquecimento. Trata-se aqui de um prognóstico que faço, e não de uma experiência que relato!

Carle, Pierre,[85] chegou o momento em que este pincel destinado a aumentar a majestade de nossos templos por meio de imagens sublimes e santas cairá de vossas mãos, ou será prostituído ornamentando com pinturas lascivas os painéis de uma carruagem.[86] E tu, rival dos Praxíteles e dos Fídias;[87] tu, cujo cinzel os antigos teriam empregado para fazerem para si deuses capazes de escusar aos nossos olhos sua idolatria; inimitável Pigalle,[88] tua mão se

---

84. François-Marie Arouet, verdadeiro nome de Voltaire. (N. T.)

85. Rousseau se refere aqui a dois famosos pintores de sua época: Charles-André van Loo (1705-1765) e Jean-Baptiste Pierre (1714-1789). O segundo é autor do frontispício da edição original do *Discurso*, gravura que retratava Prometeu trazendo o fogo ao homem e alertando-o, contra as incitações do Sátiro, para os riscos de seu mau emprego. (N. T.)

86. No original, *vis-à-vis*, tipo particular de carruagem, com apenas dois lugares, um em frente ao outro, criando um ambiente intimista. (N. T.)

87. Dois célebres escultores gregos: Praxíteles (395-330 a.C.) e Fídias (480-430 a.C.). (N. T.)

88. Trata-se do escultor Jean-Baptiste Pigalle (1714-1785). (N. T.)

decidirá a reparar o ventre de uma estatueta de porcelana,[89] ou será preciso que ela permaneça ociosa.

Não podemos refletir sobre os costumes sem nos deleitar recordando a imagem da simplicidade dos primeiros tempos. É uma bela costa, ornamentada apenas pelas mãos da natureza, para onde direcionamos incessantemente os olhos e de onde pesarosamente sentimos que nos afastamos. Quando os homens inocentes e virtuosos apreciavam ter os deuses por testemunhas de suas ações, viviam juntos nas mesmas cabanas; mas, tendo-se logo tornado maus, cansaram-se desses incômodos espectadores e os relegaram em templos magníficos. Finalmente os expulsaram destes últimos para eles mesmos se estabelecerem neles, ou, pelo menos, os templos dos deuses não se distinguiram mais das casas dos cidadãos. Foi então o cúmulo da depravação; e os vícios nunca foram levados mais longe do que quando os vimos, por assim dizer, sustentados na entrada dos palácios dos grandes em colunas de mármore, e gravados em capitéis coríntios.

Enquanto as comodidades da vida se multiplicam, as artes se aperfeiçoam e o luxo se estende, a verdadeira coragem se enfraquece, as virtudes militares se dissipam, e isso também é obra das ciências e de todas essas artes que se exercem na obscuridade do gabinete. Quando os godos devastaram a Grécia, as bibliotecas foram todas salvas do fogo somente pela opinião semeada por um deles de que era preciso deixar aos inimigos objetos tão capazes de desviá-los do exercício militar e de entretê-los com ocupações ociosas e sedentárias. Carlos VIII se viu senhor da Toscana e do reino de Nápoles quase sem ter sacado a espada; e toda a sua corte atribuiu

---

89. No original, *magot*, termo que designava figuras de porcelana, especialmente as chinesas, muito em voga na alta sociedade francesa do século XVIII. (N. T.)

essa facilidade inesperada ao fato de que os príncipes e a nobreza da Itália se divertiam tornando-se engenhosos e eruditos mais do que se exercitavam para tornar-se vigorosos e guerreiros. Com efeito, diz o homem sensato que relata esses dois episódios, todos os exemplos nos ensinam que, nessa polícia marcial e em todas as que lhe são semelhantes, o estudo das ciências é muito mais adequado a amolecer e efeminar as coragens do que a fortalecê-las e animá-las.

Os romanos admitiram que a virtude militar se extinguira entre eles à medida que haviam começado a especializar-se em quadros, gravuras, vasos de ourivesaria, e a cultivar as belas-artes; e, como se essa famosa região estivesse destinada a servir continuamente de exemplo aos demais povos, a elevação dos Médici e o restabelecimento das letras derrubaram novamente, e talvez para sempre, aquela reputação guerreira que a Itália parecia ter recuperado há alguns séculos.

As antigas repúblicas da Grécia, com essa sabedoria que brilhava na maioria de suas instituições, haviam proibido aos seus cidadãos todos esses ofícios tranquilos e sedentários que, abatendo e corrompendo o corpo, logo enfraquecem o vigor da alma. Com que olhar, com efeito, pensa-se que podem encarar a fome, a sede, os cansaços, os perigos e a morte homens extenuados pela menor necessidade e desencorajados pela menor dificuldade? Com que coragem os soldados suportarão trabalhos excessivos aos quais absolutamente não estão acostumados? Com que ardor farão marchas forçadas sob o comando de oficiais que sequer têm força para viajar a cavalo? Não me aleguem o valor renomado de todos esses modernos guerreiros tão sabiamente disciplinados. Louvam-me sua bravura num dia de batalha, mas não me dizem como suportam o excesso de trabalho, como resistem ao rigor das estações e às intempéries do ar. Basta um pouco de sol ou de neve, basta a privação de algumas superfluidades para dissolver e destruir em poucos dias o melhor de nossos exércitos. Guerreiros intrépidos, reconhecei de uma vez por todas a verdade que vos é tão raro ouvir; sois bravos, eu sei; teríeis triunfado com Aníbal em Canas e no Trasimeno; convosco, César teria atravessado o Rubicão e sujeitado seu país; mas não é convosco que o primeiro teria atravessado os Alpes e que o outro teria derrotado vossos antepassados.

Os combates nem sempre fazem o sucesso da guerra, e existe, para os generais, uma arte superior à de vencer as batalhas. Um sujeito pode correr rumo ao fogo com intrepidez sem deixar de ser um malíssimo oficial: no mesmo soldado, um pouco mais de força e de vigor talvez fosse mais necessário do que tanta bravura que não o protege da morte; e que importa para o Estado que suas tropas pereçam pela febre e pelo frio, ou pelo ferro do inimigo?

Se o cultivo das ciências é nocivo às qualidades guerreiras, ele o é ainda mais às qualidades morais. É desde os nossos primeiros anos que uma educação insensata ornamenta nosso espírito e corrompe nosso juízo. Vejo por todos os lados imensos estabelecimentos, onde se educa a altos custos a juventude, para ensinar-lhe todas as coisas, exceto seus deveres. Vossos filhos ignorarão sua própria língua, mas falarão outras que não estão em uso em lugar algum; saberão compor versos que mal poderão compreender: sem saber discernir o erro da verdade, possuirão a arte de torná--los irreconhecíveis aos outros por argumentos especiosos; mas quanto às palavras magnanimidade, temperança, humanidade, coragem, eles não saberão do que se trata; a doce palavra pátria nunca impressionará seu ouvido; e, se ouvirem falar de Deus, será menos para temê-lo do que para ter medo dele.[90] Agradar-me-ia

---

90. [Diderot], *Pensamentos filosóficos*, VIII.

igualmente, dizia um sábio, que meu aluno tivesse passado seu tempo em um jogo de pela; pelo menos o corpo estaria mais disposto. Sei que é preciso ocupar as crianças, e que o ócio é para elas o perigo mais temível. Que devem, pois, aprender? Aí está, por certo, uma bela questão! Que aprendam o que devem fazer como homens;[91] e não o que devem esquecer.

Nossos jardins são ornamentados com estátuas e nossas galerias, com quadros. Que pensaríeis que representam essas

---

91. Assim era a educação dos espartanos, segundo o relato do maior de seus reis. "É", diz Montaigne, "algo digno de grandíssima consideração que nessa excelente polícia de Licurgo, na verdade monstruosa por sua perfeição, tão ciosa, entretanto, da educação das crianças, como sendo seu principal encargo, e na própria morada das musas, tão pouca menção seja feita à doutrina: como se, desdenhando essa generosa juventude de qualquer outro jugo, tivesse sido preciso fornecer-lhe, em vez de nossos mestres de ciência, somente mestres de valentia, prudência e justiça."
Vejamos agora como o mesmo autor fala dos antigos persas. "Platão", diz, "conta que o primogênito de sua sucessão real era assim educado. Após seu nascimento, davam-no não a mulheres, mas a eunucos da maior autoridade junto aos reis, em razão de sua virtude. Estes se encarregavam de tornar-lhe o corpo belo e saudável, e, após sete anos, o ensinavam a montar a cavalo e a caçar. Quando alcançava o décimo quarto ano, deixavam-no entre as mãos de quatro: o mais sábio, o mais justo, o mais moderado e o mais valente da nação. O primeiro lhe ensinava a religião, o segundo a ser sempre verdadeiro, o terceiro a vencer suas cupidezes, o quarto a não temer nada." Todos, eu acrescentaria, a torná-lo bom, nenhum a torná-lo erudito.
"Astíages, em Xenofonte, pede a Ciro contas de sua última lição: é, diz, que, na nossa escola, um rapagão, em posse de um pequeno saiote, o ofereceu a um de seus companheiros de menor estatura, e tirou-lhe o seu saiote, que era maior. Tendo nosso preceptor feito de mim o juiz dessa disputa, julguei que era preciso deixar as coisas como estavam, e que ambos pareciam estar mais bem arranjados nesse ponto. Feito isso, repreendeu-me por ter agido mal: pois eu me esforçara em considerar a conveniência; e era preciso, primeiramente, ter provido justiça, a qual exigia que ninguém fosse forçado quanto àquilo que lhe pertencia. E disse ter sido punido por isso, assim como nos punem, em nossas aldeias, por ter esquecido o primeiro aoristo de τύπτω [eu bato]. Meu regente poderia fazer-me uma bela arenga, *in genere demonstrativo*, sem persuadir-me de que sua escola vale tanto quanto esta." [N. T.: Rousseau transcreve aqui trechos do capítulo 25 do livro I dos *Ensaios* de Montaigne].

obras-primas da arte expostas à admiração pública? Os defensores da pátria? Ou aqueles homens ainda maiores que a enriqueceram por suas virtudes? Não. São imagens de todos os desvios do coração e da razão, cuidadosamente extraídas da antiga mitologia e logo apresentadas à curiosidade de nossas crianças; certamente para que tenham diante dos olhos modelos de más ações, antes mesmo de aprenderem a ler.

De onde nascem todos esses abusos, senão da desigualdade funesta introduzida entre os homens pela distinção dos talentos e pelo aviltamento das virtudes? Eis o efeito mais evidente de todos os nossos estudos, e a mais perigosa de todas as suas consequências. Não se pede mais a um homem que tenha probidade, mas que possua talentos; nem de um livro que seja útil, mas que seja bem escrito. As recompensas são prodigalizadas ao espirituoso, e a virtude permanece sem honras. Há mil prêmios para os belos discursos, nenhum para as belas ações. Digam-me, porém, se a glória atribuída ao melhor dos discursos que forem coroados nesta Academia é comparável ao mérito de ter fundado o prêmio.

O sábio não corre atrás da fortuna; mas não é insensível à glória; e quando a vê tão mal distribuída, sua virtude, que um pouco de emulação teria animado e tornado vantajosa à sociedade, cai na languidez, e se extingue na miséria e no esquecimento. Eis o que, com o tempo, deve produzir em todo lugar a preferência dos talentos agradáveis sobre os talentos úteis, e o que a experiência mais do que confirmou desde a renovação das ciências e das artes. Temos físicos, geômetras, químicos, astrônomos, poetas, músicos, pintores; não temos mais cidadãos; ou, se ainda nos restam alguns, espalhados por nossos campos abandonados, nestes perecem indigentes e desprezados. Esse é o estado a que se encontram reduzidos, esses são os sentimentos que obtêm de nós aqueles que nos dão pão, e que dão leite aos nossos filhos.

Admito, entretanto: o mal não é tão grande quanto se poderia ter tornado. A previdência eterna, colocando ao lado de diversas plantas nocivas alguns símplices salutares, e na substância de vários animais maléficos o remédio para seus ferimentos, ensinou os soberanos que são seus ministros a imitar sua sabedoria. É a partir de seu exemplo que, do próprio seio das ciências e das artes, fontes de mil desregramentos, esse grande monarca,[92] cuja glória adquirirá de época em época um novo brilho, tirou essas célebres sociedades encarregadas, ao mesmo tempo, do perigoso depósito dos conhecimentos humanos e do sagrado depósito dos costumes, pelo cuidado que têm de manter em seu seio toda a pureza destes últimos e de exigi-la nos membros que elas recebem.

Essas sábias instituições, consolidadas por seu augusto sucessor[93] e imitadas por todos os reis da Europa, servirão, pelo menos, de freio às pessoas de letras, que, aspirando todas à honra de serem admitidas nas Academias, velarão sobre si mesmas, e procurarão tornar-se dignas disso por meio de obras úteis e costumes irrepreensíveis. Entre essas companhias, aquelas que, para os prêmios cujo mérito literário elas honram, fizerem uma escolha de assuntos capazes de reanimar o amor à virtude nos corações dos cidadãos mostrarão que esse amor reina entre elas e darão aos povos o prazer, tão raro e tão doce, de ver sociedades eruditas devotando-se a difundir sobre o gênero humano, não somente luzes agradáveis, mas também instruções salutares.

---

92. Alusão a Luís XIV, monarca que encorajou a criação de academias e sociedades eruditas, como a Academia Real das Ciências, em 1666. (N. T.).
93. Luís xv (1710-1774). (N. T.).

Não me oponham, pois, uma objeção que, para mim, não é senão uma nova prova. Tantos cuidados mais do que evidenciam a necessidade de tomá-los, e não se procuram remédios para males que não existem. Por que é preciso que esses ainda tragam, por sua insuficiência, o caráter dos remédios ordinários? Tantos estabelecimentos feitos em proveito dos eruditos são mais do que capazes de se impor quanto aos objetos das ciências e de direcionar os espíritos para o seu cultivo. Parece, pelas precauções que se tomam, que há lavradores em demasia e que se teme a carência de filósofos. Não desejo, de modo algum, arriscar aqui uma comparação entre a agricultura e a filosofia: ninguém o suportaria. Apenas perguntarei: o que é a filosofia? O que contêm os escritos dos filósofos mais conhecidos? Quais são as lições desses amigos da sabedoria? Ao ouvi-los, não os tomaríamos por um bando de charlatães gritando, cada um de seu lado, numa praça pública: venham ouvir-me, apenas eu não engano? Um sustenta não haver corpo e que tudo está em representação. Outro, que não há outra substância além da matéria, nem outro deus além do mundo. Este sustenta não haver nem virtudes nem vícios, e que o bem e o mal moral são quimeras.[94] Aquele, que os homens são lobos e podem devorar-se com segurança de consciência. Ó, grandes filósofos! Reservai a vossos amigos e a vossos filhos essas proveitosas lições; logo seríeis recompensados, e nós não temeríamos encontrar entre os nossos um de vossos sequazes.

Eis, portanto, os homens maravilhosos a quem a estima de seus contemporâneos foi prodigalizada durante sua vida, e a

---

94. Trata-se, respectivamente, do filósofo imaterialista irlandês George Berkeley; do filósofo holandês Baruch Spinoza, do filósofo materialista francês Julien de la Mettrie e do filósofo inglês Thomas Hobbes. (N. T.)

imortalidade reservada após seu falecimento! Eis as sábias máximas que recebemos deles e que transmitimos de época em época aos nossos descendentes. Teria o paganismo, entregue a todos os desvarios da razão humana, deixado à posteridade algo que se pudesse comparar aos monumentos vergonhosos que a imprensa lhe preparou, sob o reino do Evangelho? Os escritos ímpios dos Leucipos e dos Diágoras[95] pereceram com eles. Ainda não se inventara a arte de eternizar as extravagâncias do espírito humano. Mas, graças aos caracteres tipográficos[96] e ao uso que fazemos deles, os perigosos devaneios dos Hobbes e dos Espinosas resistirão para sempre. Vamos, escritos célebres dos quais a ignorância e a rusticidade de nossos pais não teriam sido capazes, acompanhai em nossos descendentes essas obras ainda mais perigosas de onde se exala a corrupção dos costumes de nosso século, e levai

---

95. Dois pensadores gregos do século V a.C.: Leucipo é tido como inaugurador do atomismo, isto é, da percepção de que toda matéria pode dividir-se sucessivamente em partes cada vez menores até chegar a uma pequena partícula, o átomo; já Diágoras de Melos, a respeito de quem se tem pouca informação, é comumente apresentado como um ateu, postura pela qual teria sido perseguido pela sociedade ateniense de seu tempo. (N. T.).

96. Considerando as horríveis desordens que a imprensa já causou na Europa, apreciando o futuro pelo progresso que o mal faz de um dia para o outro, pode-se facilmente prever que os soberanos não tardarão a adotar tantos cuidados para banir essa arte terrível de seus Estados quanto tomaram para introduzi-la. O sultão Ahmed, cedendo às importunidades de algumas pretensas pessoas de gosto, consentira em estabelecer uma imprensa em Constantinopla. Mas, mal se pôs a imprensa em funcionamento, foi necessário destruí-la e atirar-lhe os instrumentos num poço. Dizem que o califa Omar, consultado sobre o que era preciso fazer com a biblioteca de Alexandria, respondeu nos seguintes termos: se os livros desta biblioteca contêm coisas opostas ao Alcorão, eles são maus e é necessário queimá-los. Se contêm apenas a doutrina do Alcorão, queimai-os também: são supérfluos. Nossos eruditos citaram esse raciocínio como o cúmulo da absurdidade. No entanto, supondo Gregório, o Grande, no lugar de Omar e o Evangelho no lugar do Alcorão, a biblioteca também teria sido queimada, e esse talvez tivesse sido o mais belo episódio da vida desse ilustre pontífice.

juntamente aos séculos vindouros uma história fiel do progresso e das vantagens de nossas ciências e de nossas artes. Se eles vos lerem, não lhes deixareis nenhuma perplexidade sobre a questão que agitamos hoje: e, a menos que sejam mais insensatos do que nós, erguerão suas mãos ao céu e dirão, na amargura de seu coração: "Deus todo-poderoso, tu que manténs os espíritos em tuas mãos, livra-nos das luzes e das funestas artes de nossos pais, e devolve-nos a ignorância, a inocência e a pobreza, os únicos bens que possam fazer nossa alegria e que sejam preciosos diante de ti".

Mas se o progresso das ciências e das artes nada acrescentou à nossa verdadeira felicidade; se ele corrompeu nossos costumes, e se a corrupção dos costumes atentou contra a pureza do gosto, que pensaremos dessa multidão de autores elementares que afastou do templo das musas as dificuldades que lhe vedavam o acesso e que a natureza nele espalhara como um teste das forças daqueles que estariam tentados a saber? Que pensaremos desses compiladores de obras que indiscretamente romperam a porta das ciências e introduziram em seu santuário um populacho indigno de abordá-las; quando seria desejável que todos aqueles que não podiam ir longe no caminho das letras tivessem sido desencorajados desde a entrada, e se tivessem lançado nas artes úteis à sociedade. Aquele que será, por toda sua vida, um mal versificador ou um geômetra subalterno talvez tivesse se tornado um grande fabricador de tecidos. Não foram necessários quaisquer mestres àqueles que a natureza destinava a fazer discípulos. Os Verulâmios, os Descartes e os Newtons, esses preceptores do gênero humano, não tiveram nenhum; e que guias os teriam conduzido até onde seu vasto gênio os levou? Mestres ordinários não teriam podido encolher o entendimento daqueles, comprimindo-o na estreita capacidade do seu. É pelos primeiros obstáculos que aqueles aprenderam a fazer esforços, e que se exercitaram em transpor o imenso espaço que percorreram. Se é preciso permitir a alguns homens entregar-se ao estudo das ciências e das artes, é apenas àqueles que sentirem em si a força de caminhar sozinhos em seus rastros, e de ultrapassá-los. É a esse pequeno número de homens que cabe elevar monumentos à glória do espírito humano. Mas se desejarmos que nada esteja acima de seu gênio, é preciso que nada esteja acima de suas esperanças. Eis o único incentivo de que têm necessidade. A alma se proporciona imperceptivelmente aos objetos que a ocupam, e são as grandes ocasiões que fazem os grandes homens. O príncipe da eloquência foi cônsul de Roma, e o maior, talvez, dos filósofos chanceleres da Inglaterra.[97] Acredita-se que, se um tivesse ocupado apenas uma cátedra em alguma universidade e o outro tivesse obtido somente uma módica pensão de Academia, suas obras não se ressentiriam de sua condição? Que os reis não desdenhem, portanto, admitir em seus conselhos as pessoas mais capazes de bem aconselhá-los; que renunciem ao velho preconceito inventado pelo orgulho dos grandes de que a arte de conduzir os povos é mais difícil que a de esclarecê-los: como se fosse mais fácil convencer os homens a agir bem de seu bom grado do que constrangê-los a isso pela força. Que os eruditos da primeira ordem encontrem em seus cursos honrosos asilos. Que obtenham neles a única recompensa digna deles; a de contribuir, por sua influência, para a felicidade dos povos a que tiverem ensinado a sabedoria. É somente então que se verá o que podem a virtude, a ciência e a autoridade animadas por uma nobre emulação e

---

97. Rousseau se refere, respectivamente, a Marco Túlio Cícero (106-43 a.C.), célebre filósofo e orador que se tornou cônsul de Roma em 63 a.C., e Francis Bacon (de Verulâmio, 1561-1626), filósofo inglês nomeado grande chanceler do rei Jaime I em 1618. (N. T.).

trabalhando conjuntamente para a felicidade do gênero humano. Mas, enquanto a potência estiver apenas de um lado, e as luzes e a sabedoria apenas de outro, os eruditos raramente pensarão grandes coisas, os príncipes ainda mais raramente farão algumas belas, e os povos continuarão a ser vis, corrompidos e infelizes.

Quanto a nós, homens vulgares, a quem o céu não atribuiu tão grandes talentos e que ele não destina a tamanha glória, permaneçamos em nossa obscuridade. Não corramos atrás de uma reputação que nos escaparia, e que, no estado atual das coisas, não nos devolveria jamais o que nos teria custado, caso tivéssemos todos os títulos para obtê-la. Para que procurar nossa felicidade na opinião de outrem se podemos encontrá-la em nós mesmos? Deixemos a outros o cuidado de instruir os povos sobre seus deveres, e limitemo-nos a cumprir bem os nossos; não temos necessidade de saber nada além disso.

Ó, virtude! Ciência sublime das almas simples, é preciso então tanta dificuldade e cerimônia para conhecer-te? Teus princípios não estão gravados em todos os corações e não basta, para aprender tuas leis, recolher-se em si mesmo e escutar a voz da própria consciência no silêncio das paixões? Eis a verdadeira filosofia, saibamos nos contentar com ela; e, sem invejar a glória desses homens célebres que se imortalizam na república das letras, procuremos introduzir entre eles e nós esta distinção gloriosa que antigamente se observava entre dois grandes povos: a de que um sabia bem falar, e o outro bem fazer.[98]

---

98. Rousseau encerra o *Discurso* com mais uma referência a Montaigne, que, em seus *Ensaios* (Livro I, capítulo 25), lançou o adágio: "Em Atenas, aprendia-se a bem falar, e aqui [na Lacedemônia], a bem fazer". (N. T.).

CRONOLOGIA

1580 – Primeira edição dos *Ensaios* de Montaigne, obra que exerceria influência decisiva na concepção e na redação do *Discurso sobre as ciências e as artes*. Outras edições, mais completas, se sucederiam nos anos seguintes. A de 1724 seria a edição de referência para os pensadores do século XVIII.

1635 – Instituição oficial pelo cardeal de Richelieu, primeiro-ministro do rei Luís XIII, da Academia Francesa, instituição destinada a celebrar o progresso e glorificar a monarquia. Sua fundação inspiraria a emergência de outras academias dedicadas à valorização da língua, das artes e das ciências.

1712 – Nascimento, em 28 de junho, de Jean-Jacques Rousseau, em Genebra, filho do casal protestante Isaac, um relojoeiro, e Suzanne. Em 4 de julho, Jean-Jacques é batizado na catedral de São Pedro, em Genebra.

1722 – Em 11 de outubro, o pai de Rousseau deixa Genebra e se instala em Nyon. O jovem Jean-Jacques é entregue aos cuidados do pastor J.-J. Lambercier, em Bossey.

1724 – Rousseau retorna a Genebra, onde é colocado sob a guarda de seu tio, Gabriel Bernard. No mesmo ano, torna-se aprendiz de Jean-Louis Masseron, escrivão na câmara municipal de Genebra.

1725 – Ainda em Genebra, Rousseau inicia com Abel Ducommum o aprendizado do ofício de gravador em relojoaria, que ele logo abandonará. No mesmo ano, a Academia de Dijon, que premiaria seu primeiro *Discurso*, é fundada (sendo devidamente registrada pelo Parlamento da cidade apenas em 1740).

1728 – Em 14 de março, ao retornar de uma caminhada, Rousseau encontra as portas da cidade de Genebra fechadas; no dia seguinte, deixa a cidade e chega a Confignon, sendo acolhido pelo padre Benoît de Pontverre. No dia 21, é acolhido pela Senhora de Warens em Annecy. Três dias depois, viaja para Turim ao lado do casal Sobran; chega à cidade em 12 de abril, hospedando-se no asilo dos catecúmenos da confraternidade do Espírito Santo. Rousseau é posteriormente convocado perante a Inquisição, na igreja San Domenico. Em 23 de abril, é batizado na igreja metropolitana de San-Giovanni, marcando sua conversão ao catolicismo, o que lhe custa o título de "Cidadão de Genebra". Após hospedar-se por alguns meses na casa de um soldado, Rousseau passa, em 25 de julho, a trabalhar como serviçal para a Senhora de Vercellis. Esta última falece em 19 de dezembro, levando Rousseau a instalar-se na casa da esposa de um soldado.

1729 – Em fevereiro, ainda em Turim, Rousseau passa para o serviço do conde de Gouvon. Meses mais tarde, retorna a Annecy, onde é novamente recebido pela Senhora de Warens. No mesmo ano, integra-se ao seminário dos lazaristas.

1730 – No verão, Rousseau se dirige a Lausanne, onde permanece até novembro, vivendo como professor de música. Passa então a dar aulas em Neuchâtel.

1731 – Em junho, Rousseau vai, pela primeira vez, a Paris, onde permanece até agosto. Após passagens por Auxerre e Lyon, o jovem se dirige a Chambéry, onde reencontra a Senhora de Warens e passa a trabalhar, no fim de setembro, no cadastro da cidade.

1732 – Rousseau parte para Besançon, para ter aulas de música. Retorna posteriormente a Chambéry, onde volta a lecionar música.

1735 – A Senhora de Warens se instala nas Charmettes, perto de Chambéry. Rousseau passará ao seu lado a maior parte de seu tempo, ocupando-se com leituras que teriam papel fundamental em seu desenvolvimento intelectual.

1736 – Publicação de *Elementos da filosofia de Newton*, de Voltaire, obra destinada a exaltar o progresso das ciências. Seria um dos alvos principais do *Discurso sobre as ciências e as artes*.

1740 – Em abril, Rousseau se transfere para Lyon, onde permanece até o ano seguinte, trabalhando como preceptor dos filhos do Senhor de Mably. Redige, a partir dessa experiência, um *Projeto para a educação do Senhor de Sainte-Marie*.

1742 – Agora em Paris, Rousseau apresenta, em 22 de agosto, perante a Academia das Ciências, um projeto de notação musical.

A acolhida é morna, mas Rousseau decide, assim mesmo, publicá-lo no ano seguinte. Inicia-se sua amizade com o filósofo Denis Diderot.

1743 – No verão, Rousseau parte para a Itália. Após passagens por Gênova, Milão, Brescia, Verona e Padova, o jovem se encontra em Veneza, onde se torna secretário do embaixador francês. Permanece na cidade até 22 de agosto do ano seguinte.

1745 – Em Paris desde o ano anterior, Rousseau inicia seu relacionamento com Thérèse Levasseur, com quem passaria sua vida. Dedica-se à composição de óperas (como *As musas galantes*), que jamais alcançarão o sucesso almejado.

1746 – Rousseau apresenta sua peça *Narciso* à Comédia Italiana, que a rejeita. Nascimento do primeiro dos cinco filhos do filósofo, os quais serão todos sucessivamente deixados num orfanato. Rousseau se torna secretário de Senhor e Senhora Dupin, que o fazem conhecer a vida mundana parisiense.

1749 – Rousseau, que já é autor de uma *Dissertação sobre a música moderna* (1743) e de uma *Carta sobre a ópera italiana e francesa* (1745), é encarregado por D'Alembert de escrever artigos sobre música para a *Enciclopédia*. O genebrino chega a redigir centenas deles. No mesmo ano, Diderot, um dos idealizadores da *Enciclopédia*, é encarcerado em razão de sua *Carta sobre os cegos*, obra cujo materialismo escandalizou os meios devotos franceses, bastante influentes na corte. Rousseau pede à Senhora de Pompadour, preferida do rei e favorável aos filósofos, que intervenha para favorecer a libertação de seu amigo. Em outubro, Rousseau lê no jornal *Mercure de France* a respeito da nova questão lançada pela Academia de Dijon: "Se o restabelecimento das ciências e das artes contribuiu para depurar os costumes". Em novembro, enquanto Diderot é libertado, Rousseau redige seu primeiro *Discurso*.

1750 – A Academia de Dijon, após receber quatorze manuscritos anônimos, anuncia, em 10 de julho, que o *Discurso sobre as ciências e as artes* de Rousseau é o premiado. O prêmio é solenemente oferecido em 23 de agosto, na ausência do contemplado. O ministro Malesherbes autoriza a publicação da obra.

1751 – Confiado ao livreiro parisiense Pissot, o *Discurso sobre as ciências e as artes* é publicado sob a fachada de outro editor, Barillot, situado em Genebra. A obra, ousada por sua contestação aberta dos benefícios do progresso, obtém sucesso imediato. O jornal *Mercure de France* será o principal palco da controvérsia suscitada pelo texto. Rousseau publicará nesse mesmo periódico várias de suas respostas. Em 14 de setembro, Voltaire, então em Berlim, trata o *Discurso* com desprezo. Mesmo D'Alembert, seu colaborador na *Enciclopédia*, contraria Rousseau ao afirmar, no "Discurso Preliminar" desta última, a utilidade de colocar o conjunto dos conhecimentos racionalmente reunidos à disposição de todos. Em meio à polêmica, Rousseau projeta viver como copista de música. Redige, assim mesmo, um novo discurso (*Sobre a virtude*) para o concurso lançado pela Academia da Córsega: "Qual a virtude mais necessária ao herói e quais são os heróis que careceram de tal virtude?".

1752 – Nos dias 18 e 19 de outubro, a ópera de Rousseau, *O adivinho da aldeia*, é representada. Em 18 de dezembro, sua peça *Narciso* é encenada na Comédie Française, sem alcançar sucesso. Em meio à controvérsia em torno de seu *Discurso*, Rousseau emite novas respostas; entre elas, o prefácio ao *Narciso*.

1753 – Em 1º de março, *O adivinho da aldeia* é representada na Ópera de Paris. Nova questão do concurso da Academia de Dijon: "Qual é a fonte da desigualdade entre os homens e se ela é autorizada pela lei natural?". Após ler o enunciado no jornal *Mercure de France*, Rousseau se retira para compor um novo discurso (*Sobre a origem e os fundamentos da desigualdade entre os homens*); o texto, longo demais para o formato do concurso, será preterido. No mesmo ano, um texto radical de Rousseau contra a música francesa (*Lettre sur la musique française*) provoca novo escândalo.

1754 – Rousseau volta à religião protestante. Com isso, legitima-se a reivindicar novamente a condição de Cidadão de Genebra.

1755 – Rousseau publica seu segundo discurso: *Discurso sobre a origem e os fundamentos da desigualdade entre os homens*. Sua reflexão sobre as causas da corrupção do homem provoca novo escândalo, sem, no entanto, gerar o mesmo número de contestações que o primeiro *Discurso*.

1756 – Rousseau deixa a vida mundana parisiense para instalar-se na residência da Senhora d'Épinay, na proximidade das florestas de Montmorency. Nesse cenário, redige o romance *A nova Heloísa*, no qual denuncia o luxo e os excessos da vida em Paris; por oposição, são exaltadas a virtude e a vida próxima da natureza. O livro será um enorme sucesso quando de sua publicação, em 1761.

1758 – Rousseau publica uma resposta ao artigo que d'Alembert escrevera sobre Genebra para a *Enciclopédia*, no qual condenava a política austera dos genebrinos em matéria de arte.

1759 – Rousseau, de volta ao castelo de Montmorency, inicia a redação do *Emílio*, seu tratado de educação, e *Do contrato social*.

1762 – Em abril, a obra *Do contrato social* é publicada. Em maio, é a vez de *Emílio, ou Da Educação*. Em junho, Rousseau é condenado pela Sorbonne e pelo Parlamento em razão das ideias políticas e religiosas defendidas na obra. O livro é incinerado e uma ordem de prisão é emitida. Rousseau foge para a Suíça, instalando-se em Môtiers. Genebra também condena o *Contrato Social* e o *Emílio*.

1763 – Atacado por todos os lados, Rousseau renuncia a seu título de Cidadão de Genebra. Justifica-se em sua *Carta a Christophe de Beaumont*, na qual identifica a premiação do primeiro *Discurso* como ponto de partida de todos os seus infortúnios.

1764 – Dando sequência a seus escritos de justificação, Rousseau completa sua *Cartas escritas da montanha* e inicia a redação das *Confissões*, seu romance autobiográfico.

1765 – Em 8 de setembro, após ter sido sua casa apedrejada pelos habitantes locais, Rousseau deixa Môtiers para refugiar-se na ilha de Saint-Pierre, onde encontra a felicidade suprema. Forçado a deixar seu paraíso terrestre em 26 de outubro, Rousseau volta a errar pela Europa para finalmente retornar a Paris.

1766 – Em 4 de janeiro, Rousseau deixa Paris, ao lado do filósofo David Hume, e chega a Londres no dia 13 do mesmo mês. Circula por diferentes cidades e aldeias inglesas.

1767 – Em maio, Rousseau retorna à França, onde busca amparo em vários protetores.

1768 – Rousseau se casa civilmente com Thérèse Levasseur em 30 de agosto.

1769 – Retomada da redação das *Confissões*.

1770 – Em Paris, Rousseau trabalha como copista de música. Ao mesmo tempo, escreve sobre uma de suas grandes paixões, a botânica (*Cartas sobre a botânica*). Faz frequentes herborizações pelas florestas francesas.

1771 – Enquanto suas leituras das *Confissões* em círculos de leitura causam consternação, Rousseau redige as *Considerações sobre o governo da Polônia*.

1772 – Rousseau inicia a redação de *Jean-Jacques juiz de Rousseau* (os *Diálogos*), misto de autorretrato e justificação. O texto é depositado na igreja Notre-Dame de Paris, na esperança de que seja remetido ao rei, o que não acontece.

1776 – Em 24 de outubro, Rousseau, passeando por Ménilmontant, sofre um acidente com um cão dinamarquês, acontecimento traumático para o genebrino, que o inspira a iniciar a redação de *Os devaneios do caminhante solitário*, obra derradeira do filósofo que permanecerá inacabada.

1778 – Falecimento de Jean-Jacques Rousseau, em 2 de julho, em Ermenonville, após ataque de apoplexia.

Este livro foi impresso pela Rettec Artes Gráficas e Editora
em fonte Minion Pro sobre papel Norbrite Cream 67 g/m^2
para a Edipro no outono de 2018.